vmn

Dä kleine Prinz
op kölsch

ANTOINE DE SAINT-EXUPÉRY

Dä kleine Prinz

op kölsch

Met de Beldcher vum Verfasser

Us dem Französische en et Kölsche üvverdrage
vum Volker Gröbe un vum Alice Tiling-Herrwegen

vmn

Verlag Michaela Naumann

Titel der französischen Originalausgabe
LE PETIT PRINCE

Le Petit Prince in deutschen Mundarten
Band 4: op kölsch

Die Kölner Fassung basiert auf der
Neuübersetzung des französischen Textes
durch den Herausgeber, Dr. Walter Sauer.

2. Auflage 1999

Druck: Fuldaer Verlagsagentur, Fulda

Die Deutsche Bibliothek – CIP-Kurztitelaufnahme
Saint-Exupéry, Antoine de:
Dä kleine Prinz op kölsch / Antoine de Saint-Exupéry.
Met de Bildcher vum Verf.
Us dem Franz. en et Kölsche üvverdrage
vum Volker Gröbe un vum Alice Herrwegen –
1. Aufl. – Nidderau : Naumann, 1999
(Le Petit Prince in deutschen Mundarten ; Bd. 4)
Einheitssacht.: Le Petit Prince <dt., op kölsch>
Fränk. Ausg. u.d.T.: Saint-Exupéry, Antoine de: Der klaa Prinz. –
Hess. Ausg. u.d.T.: Saint-Exupéry, Antoine de: De klaane Prinz. –
Pfälz. Ausg. u.d.T.: Saint-Exupéry, Antoine de: Der kläne Prinz.
ISBN 3-933575-03-6

För der Leon Werth

Leev Pänz! Sid mer nit kott, dat ich dat Böjelche nem Erwaßene zojedaach han. Ich han dofür ävver och ene jode Jrund: Dä Jroße es minge beste Fründ op der janzen Äd. Ich han noch ene Jrund: Dä Jroße kann alles verston, sujar Böőcher för Pänz. Ich han och noch ene drette Jrund: Dä Jroße wonnt en Frankreich un ligg do luuter unger Schless un de Kält. Dä Jroße muss mer ens jet feukele. Wann all die Jründ nit jenoch sin sollte, dann will ich dat Booch jän däm Panz zoschrieve, dä dä Jroße fröhter ens wor. All die Lück, die hück erwaße sin, woren jo et eesch ens Puute jewäs – ävver winnije vun denne künne sich dodran entsenne. Dröm dun ich ming Widmung verbessere un schriev:

För der Leon Werth,
wie hä noch ene kleine Stropp wor

Wie ich sechs Johr alt wor, han ich ens e staats Beld jesinn en enem Booch üvver der Urwald, dat heeß »Wohre Verzällcher«. Et zeichten en Boa, die e weld Dier am eravschlecke wor. Do han ich dat Beld avjemolt.

En däm Booch heeß et: »Boas schlecken ehr Beute janz erav, ohne se ze käue. Donoh künnen se sich nit mih bewäje un schlofe die sechs Mond, die se am verdaue sin.«

Ich han dann vill nohjedaach üvver Abenteuer em Dschungel, un mer es et selver och jelunge, met enem Buntsteff mi eesch Beld ze mole. Mi Beld Nummere 1. Et soch esu us:

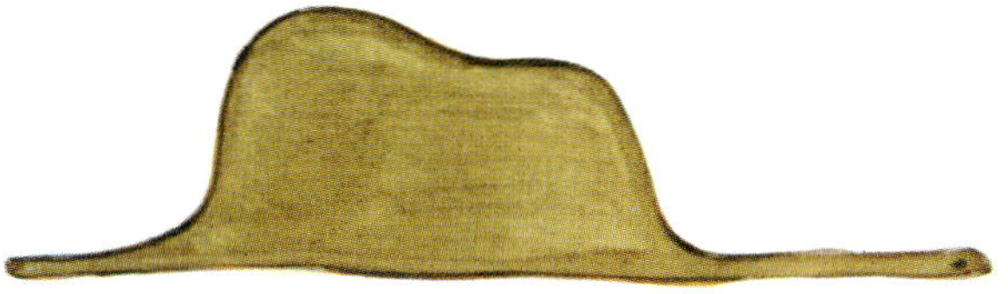

Ich han mi Kunswerk dä jroße Lück jezeich un han se jefroch, ov ming Zeichnung inne Angs maache dät.

Se joven mer zor Antwoot: »Woför sollt mer vör enem Hot Angs han?«

Mi Beld dät jar keine Hot zeije. Et dät en Boa zeije, die ne Elefant am verdaue wor. Do han ich dat Ennere vun dä Boa jemolt, dat die jroße Lück et verstundte. Die müsse luuter jet explezeet han. Mi Beld Nummere 2 wor esu:

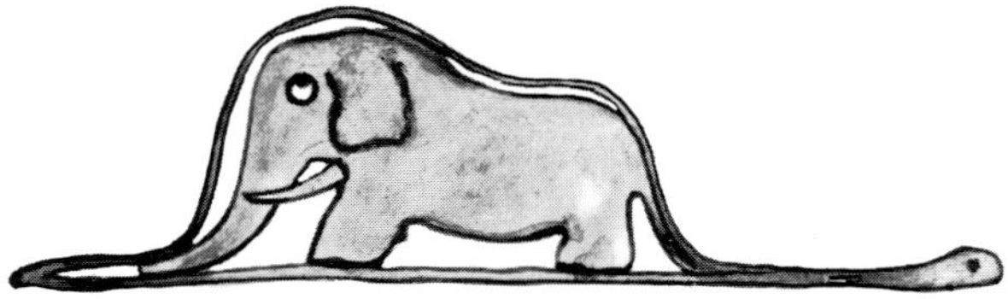

Die jroße Lück ha'mer jerode, et dran ze jevve Belder, met offe ov zoe Boas ze mole, un mich leever för Erdkunde, Jeschichte, Rechene un Jrammatik ze interesseere. Op die Aat un Wies han ich met sechs Johr en dolle Kajeer als Möler opjejovve. Ich hatt der Mot verlore, weil mi Beld Nummere 1 un mi Beld Nummere 2 nit aanjekumme wore. Die jroße Lück bejriefe nix vun allein, un de Puute wäde möd, wann se inne immer un immer widder jet explezeere müsse.

Ich moot mer alsu ene andere Berof söke, un do ben ich Pilot jewode. Ich ben jet en der Welt erömjefloge. Un Erdkunde, dat stemmp, hät mer vill jeholfe. Ich kunnt beim eeschte Bleck China vun Arizona ungerscheide. Dat nötz einem jet, wa'mer sich et naaks verflogen hät.

Esu hatt ich en mingem Levve en Häd vun Kuntakte met ener Häd vun ähnze Lück. Ich han vill bei jroße Lück jeläv. Ich han se janz vun nohem jesinn. Dat hät ming Meinung nit ärch verbessert.

Wann ich einer trof, dä mer e bessje jewetz vörkom, han ich met im dat Experiment met mingem Beld Nummere 1 jemaht, dat ich immer verwaht han. Ich wollt wesse, ov hä wirklich schlau wor. Ävver ich kräht luuter die Antwoot: »Dat es ene Hot.« Esu han ich im weder jet vun Boas noch vun Urwälder noch vun Stääne verzallt. Ich han mich op se enjestallt. Ich han im vun Klammerjass, vun Jolf, vun Pulitik un Schlipse verzallt. Un dä Jroße wor ärch zefredde einer ze kenne, dä esu vernünftich es.

II

Ich han de janze Zick för mich allein jeläv, keiner wor do, met däm ich mich hätt richtich ungerhalde künne, bes ich vör sechs Johr met mingem Fleejer en der Sahara en Pann hatt. Irjendjet wor en mingem Motor kapottjejange. Un weil ich keine Mechaniker un kein Passajeere dobei hatt, han ich mich selvs dranjemaht, die kumplizeete Reparatur ze maache. För mich es et öm Levve un Dud jejange. Ich hatt jo för hühkstens aach Daach Wasser för zo drinke.

Am eeschte Ovend ben ich dann om Sand enjeschlofe, dausend Meile wick fott vun alle Minsche. Ich wor vill verlossener wie ene Scheffbröchije op enem Fluz medden em Meer. Do künnt ehr üch secher vörstelle, wie verbasert ich wor, wie mich am nöhkste Morje e lus Stemmche jeweck hät. Et hät jesaht:

»Ich bedden dich … mol mer e Schof!«

»Wat es?«

»Mol mer e Schof!«

Ich ben opjesprunge, als hätt mich ne Bletz jetroffe. Ich han mer de

Auge jerevve. Ich moot jenau spingkse. Un ich han e klein, janz un jar usserjewöhnlich Käälche jesinn, wat mich ähnz anjeloort hät. He es et beste Beld, dat ich vun im hinjekräje han. Ävver mi Beld es bestemmp nit esu doll wie et Modell. Dat es nit ming Schold. Die jroße Lück han mer jo der Mot jenomme, Möler zo wäde, domols, wie ich sechs Johr alt wor, un usser offe un zoe Boaschlange han ich nix anderes ze mole jeleht.

Ich han villeich Auge jemaht, wie ich dat Käälche jesinn han. Doot nit verjesse, dat ich dausend Meile wick fott vun alle Minsche wor. Dobei soch mi klei Käälche och nit esu us, wie wann et sich verlaufe hätt un möd wör, oder wie wann et för Schless, Doosch oder Angs bal stirve wöllt. Et es mer üvverhaup nit vörjekumme wie e Kind, wat wie verlore dausend Meile wick fott vun alle Minsche en de Wöstenei erömtalp. Wie ich dann endlich e Woot erusbraht, han ich för et jesaht:

»No saach ens … wat mähs do dann he?«

Do hät et janz leis noch ens datselve jesaht, wie jet janz Wichtijes:

»Ich bedden dich … dun mer ens e Schof mole …«

Et jit Saache, die mer nit esu eifach kapeet; un wann mer dann zo ärch verbasert es, weed mer zo schenant, »nä« ze sage. Su jeck, wie mer dat vörjekummen es – dausend Meile wick fott vun alle Minsche un en Levvensjefahr –, han ich e Blättche Papier un ne Fedderhalder us der Täsch jetrocke. Ävver dann es mer enjefalle, dat ich haupsächlich Erdkunde, Jeschichte, Rechene un Jrammatik jeleht han, un ich han däm Käälche jesaht – ald jet iggelich –, dat ich nit mole künnt. Do saht et:

»Dat mäht nix. Mol mer e Schof!«

Dat es et beste Beld,
wat ich vun im mole kunnt.

Weil ich noch nie em Levve e Schof jemolt hatt, han ich för dat Männche ein vun de zwei einzije Belder jemolt, die ich mole kunnt. Die Boaschlang vun usse. Un ich wor total vun de Söck, wie ich dat Männche sage hoot:

»Nä, nä! Ich well keine Elefant en ener Boaschlang. En Boaschlang es ärch jefährlich, un ne Elefant nimmp vill zevill Plaaz en. Bei meer zo Huus es et eng. Ich bruch e Schof. Mol mer e Schof.«

Do han ich jemolt.

Et hät jenau opjepass, un dann hät et jesaht:

»Nä! Dat es ald ärch malätzich. Maach er noch ein!«

Un ich han e neu Schof jemolt.

Minge Fründ wor am jriemele un saht nohsichtich:

»Do sühs doch ... dat es kei Schof, dat es ene Bock. Dä hät jo Hööner ...«

Alsu han ich noch ens e Beldche jemolt.

Ävver dat hät im och nit jefalle, jenau esu wie die, die ich vörher jemolt hatt: »Dat he es ald ze alt. Ich well e Schof, dat lang läv.«

Dann es mer der Jedoldsfaddem jeresse; un weil et mer presseeren dät, der Motor vun mingem Fleejer usenanderzenemme, han ich dat Beld do hinjekritzelt.

Un knotterich saht ich:

»Dat es en Kess. Dat Schof, wat do han wells, es do dren.«

Ävver ich wor janz schön baff, wie ich jesinn han, dat et Jeseech vun mingem junge Nöttelefönes ze strohle aanfing:

»Jenau esu han ich et mer vörjestallt. Meins do, dat Schof bruch vill Jras?«

»Woröm?«

»Weil et bei meer doheim ärch klein es.«

»Dat rick bestemmp. Ich han deer e klitzeklein Schof jeschenk.«

Hä es mem Kopp janz noh aan et Beld eran …

»Su klein nu och widder nit … Loor ens! Et es enjeschlofe …«

Un esu han ich dä kleine Prinz kennejeleht.

III

Ich broht lang för ze verston, wo hä herkom. Et soch esu us, dat der kleine Prinz, dä mer vill Froge stelle dät, de ming nie höre dät. Die Wööt, die hä esu nevvenbei sproch, ha'mer su pö-a-pö alles opjedeck. Esu dät hä froge, wie hä et eeschte Mol minge Fleejer soch (ich mole minge Fleejer nit, dat es e vill zo kumplizeet Beld för mich):

»Wat es dat för e Dinge do?«

»Dat es kei Dinge. Dat flüch. Dat es ene Fleejer. Dat es minge Fleejer.«

Un ich wor stolz, im ze sage, dat ich fleeje dät. Do reef hä:

»Wie?! Do bes vum Himmel jefalle?«

»Eja!« saht ich höösch.

»Och, dat es villeich löstich!«

Un der kleine Prinz dät janz lus laache, wat mich

ärch jeärjert hät. Ich wünsche, dat mer ming Malörcher ähnz nimmp. Dann saht hä noch:

»Alsu küss do och vum Himmel! Vun welchem Planet bes do?«

Mer jingk tireck e Leech op, wat dat Jeheimnis aanjing, dat hä do wor, un ich frochte plötzlich:

»Do küss alsu vun enem andere Planet?«

Ävver hä jov kein Antwoot. Hä dät janz höösch der Kopp schöddele un dobei minge Fleejer aanloore.

»Dat stemmp, dat de dodrop nit vun ärch wick kumme kanns ...«

Un hä dät en en Dräumerei verfalle, die lang doote. Wie hä dann dat Beld vun mingem Schof us der Täsch trok, dät hä singe Schatz janz jenau beloore.

Ehr künnt üch vörstelle, wie ich neujeerich jewode ben, wie hä mer dat met de »andere Planete« su half verrode hät. Ich plochte mich alsu, jet mih dodrüvver ze erfahre:

»Wo küss de her, do klei Käälche? Wo bes de doheim? Wo wells do mi Schof herbränge?«

Hä jov mer en Antwoot noh enem nohdenklije Püüsje:

»Wat jot aan dä Kess es, die do mer jejovven häs, es, dat se im des naaks als Huus deene kann.«

»Ja jo. Un wann do nett bes, jevven ich der och en Kood för et daachsüvver aanzebinge. Un ene Pohl.«

Dä Vörschlaach dät der kleine Prinz schings schocke:

»Et aanbinge? Wat för en Futzidee!«

»Ävver wann do et nit aanbings, läuf et fott un verläuf sich.«

Un minge Fründ dät sich widder schöddele vör Laache:

»Wo soll et dann herlaufe?«

»Irjendwoher. Jradus ...«

Do meinten der kleine Prinz ähnz:

Der kleine Prinz op dem Asteroid B 612.

»Dat mäht nix, et es esu klein bei mer doheim!«
Un e bessje wihmödich saht hä noch:
»Jradus ka'mer nit ärch wick jon …«

IV

Jetz han ich alsu noch jet zweites ärch Wichtijes eruskräje: Dä Planet, wo dat Käälche herkütt, wor nit vill jrößer wie e Huus!

Dat jov mich nit ens wunder. Ich woss jo, dat et nevven de jroße Planete wie de Äd, dem Jupiter, dem Mars un der Venus, denne mer ne Name jejovve hät, noch Hunderte andere jit, die mänchmol su klein sin, dat mer se jrad noch met enem Teleskop sinn kann. Wann ne Astronom eine vun denne entdeck, jit hä däm eifach e Nümmerche als Name. Dä heiss dann för e Beispill »Asteroid 3251«.

Ich nemmen aan – un do han ich och ene jode Jrund för –, dat dä Planet, wo der kleine Prinz herkütt, der Asteroid B 612 es. Dä Asteroid es bes hück eesch eimol met enem Teleskop jesinn wode, un dat wor 1909 vun enem türkische Astronom.

Dä hät dozemol op enem internationale Astronometreffe ne jroße Vördraach met Belder üvver sing Entdeckung jehalde. Ävver keiner hät im jet jejläuv, un dat bloß wäje singer Kledaasch. Su sin evvens de jroße Lück.

För der Rof vun däm Asteroid B 612 wor et e Jlöck, dat ne türkische Diktator singem Volk bei Dudesstrof befoll, sich aanzetrecke, wie et de Lück en Europa dun. Em Johr 1920 hät dä Astronom sing Demonstration noch ens jemaht, un do es hä en enem janz finge Aanzoch opjetredde. Un dismol woren se all singer Meinung.

Dä janze Krom öm dä Asteroid B 612 es eijentlich jar nit esu wichtich, ich han et üch bloss verzallt un üch sujar em Vertraue sing Nummer verrode, weil et för die jroße Lück en jroße Roll spillt. Die jroße Lück han jän Zahle. Wann ehr denne jet vun enem neue Fründ verzällt, dun die nie noh der Haupsaach froge. Se froge nie: »Wie klingk sing Stemm? Wat för e Spill es im et leevs? Deit hä Fifaldere sammele?« Se frogen üch: »Wie alt es hä dann? Wie vill Bröder hät hä dann? Wievill weech hä? Wievill verdeent singe Vatter?« Se jläuve, eesch dann däten se en kenne. Wann ehr för de jroße Lück saht: »Ich han e schön Huus jesinn met rude Ziejele, met Jeranie aan de Finstere un Duve om Daach …«, dann künnen se sich dat Huus nit vörstelle. Mer muss inne sage: »Ich han e Huus jesinn, dat hundertdausend Mark koss.« Dann schreie se: »Och, es dat schön!«

Jenau esu es et, wann einer säht: »Der Bewies, dat et dä

kleine Prinz jejovven hät, besteit dodren, dat hä su adich usjesinn hät, dat hä jelaach hät un dat hä e Schof jewollt hät. Wann einer e Schof well, dann jit et en och«, dann zucken se met de Scholdere un halden üch för Kindsköpp. Wann ehr ävver för se saht: »Dä Planet, vum däm hä kom, es der Asteroid B 612«, dann sin se zefridde un jevven mem Nohkaate Rauh. Su sin se evvens. Mer sollt inne dat nit üvvelnemme. De Pänz müsse met de jroße Lück vill Jedold han.

Ävver meer, die mer jet vum Levve verston, meer laachen üvver dat Jedöns met de Zahle. Vill leever hätt ich jo dä Verzäll aanjefange wie e Märche. Et leevs esu:

Et wor ens ne kleine Prinz, dä dät op enem Planet wonne, dä nit vill jrößer wor wie hä selvs. Dä hät ne Fründ jebruch … För die, die jet vum Levve verston, hätt dat secher vill echter jeklunge.

Ich well jo nit, dat mer mi Booch eifach esu üvverflüch. Do muss ich mänchmol janz schön schlecke, wann ich dat nohverzälle, wat ich domols erläv han. Et sin ald sechs Johr her, dat minge Fründ met singem Schof fottjejangen es. Wann ich jetz versök opzeschrieve, wie hä wirklich wor, dann dun ich dat, domet ich en nit verjesse. Et es schad, ne Fründ ze verjesse. Nit jederein hät ene Fründ jehat. Et künnt jo sin, dat ich ens esu wäde wie die jroße Lück, die nix wie Zahle em Kopp han. Dat darf nit passeere, dröm han ich mer schleßlich ne Färvkaste un Molstefte jekauf. En mingem Alder es et nit leich, noch ens mem Mole aanzefange, wann mer met sechs Johr nix andersch ze mole probeet hät wie en zoe Boaschlang un en offe Boaschlang. Ich wäde mich och bemöhe, pingelich jenaue Belder ze mole. Ävver ich ben mer nit janz secher, ov mer dat och flupp. Bei däm eine Beld jeit et, dat nöhkste süht ald nit mih ähnlich us. Metunger verdun ich mich och met de Moße. Do es der kleine Prinz zo jroß jerode, un do es hä zo klein. Och met de Klör vun der Kledaasch ben ich mer nit secher. Su jot et jeit probeeren ich –

mih schläägh wie rääch – hin un her. Un bestemmp maach ich och Fähler bei wichtijere Saache. Ehr mut do ens e Auch zodröcke. Minge Fründ dät mer nie jet explizeere. Dä hät villeich jejläuv, ich wör esu wie hä. Ävver leider kann ich kein Schofe durch Keste sinn. Villeich ben ich doch ald e bessje wie de jroße Lück. Et schingk, ich ben doch älder jewode.

V

Jeden Daach han ich jet mih erfahre üvver dä Planet, üvver de Avfaht, üvver de Reis. Dat kom droppewies, su noh un noh, wie et mer jrad esu enfeel. Esu han ich am drette Daach dat Drama vun dä Aapebrutbäum kennejeleht.

Och dismol wor et widder dank däm Schof, dann der kleine Prinz dät mich plötzlich froge, su als dät hä em Ähnz zwiefele:

»Dat stemmp doch, ne, dat Schofe klein Strüch fresse?«

»Eja, dat stemmp.«

»Ah! Dann ben ich zefredde!«

Ich verstund nit, woför dat esu wichtich wor, dat Schofe Strüch fresse.

Ävver der kleine Prinz saht noch:

»Dann fressen se alsu och Aapebrutbäum?«

Ich maht däm kleine Prinz klor, dat Aapebrutbäum kein Strüch sin, sondern Bäum esu jroß wie Kirche, un dat, selvs wann hä en janze Häd Elefante metnöhm, die Häd noch nit ens met einem einzije Aapebrutbaum fädich wööd.

Die Idee vun dä Häd Elefant braht dä kleine Prinz zom Laache:

»Mer möt se üvverenanderstelle ...«

Ävver janz jewetz bemerkten hä:

»Die Aapebrutbäum sin, ih dat se waße, et eesch ens klein.«

»Dat stemp! Ävver woför sollen ding Schofe die klein Aapebrutbäum fresse?«

»Jo, dat weiß doch jeder«, jov hä mer zor Antwoot, su als wör dat janz klor. Un ich moot mi Jeheens ärch aanstrenge, för dat Problem selver ze verston.

Un tatsächlich jov et op däm Planet vum kleine Prinz, wie op jedem Planet, jode un schlääächte Plänzjer. Deswäjen och jode Some vun jode Planze un schlääächte Some vun schlääächte Planze. Ävver die Some süht mer nit. Se schlofe em Ennere vun der Äd, bes et einem vun inne en der Senn kütt, waach zo wäde. Dann reck hä sich un hält zoeesch janz höösch e zaat klei harmlos Stillche der Sonn entjäje. Wann et sich öm e Stillche vun enem Radisje ov ener Rus driht, ka'mer et waße losse, wie et well. Wann et sich ävver öm en schlääächte Planz driht, muss mer die Planz tireck usrieße, wa'mer se erkannt hät. Et jov alsu furchbare Some om Planet

vum kleine Prinz … dat woren die Some vun dä Aapebrutbäum. Der Boddem vun däm Planet wor dovun verseuch. No, wa'mer sich zo spät öm enen Aapebrutbaum kömmert, ka'mer en nie mih loswäde. Hä üvverdeck der janze Planet. Hä durchdringk en met singe Wozele. Un wann dä Planet zo klein es, un wann die Aapebrutbäum zo vill sin, dann losse se en baschte.

»Dat es en Froch vun Disziplin«, saht mer der kleine Prinz späder. »Wa'mer sich et morjens rein jemaht hät, muss mer janz pingelich dä Planet rein maache. Mer muss sich rejelmößich zwinge, die Aapebrutbäum uszerieße, tireck, wa'mer se vun de Rusesträuch ungerscheide kann, denne se fies ähnlich sinn, wann se noch ärch jung sin. Dat es en ärch langwielije, ävver ärch leichte Arbeit.«

Un eines Daachs dät hä mer rode, mich aan e schön Beld zo jevve, för dat met de Aapebrutbäum en de Köpp vun dä Pänz bei meer doheim erenzokrijje. »Wann se eines Daach op Reis jon«, saht hä mer, »künnt dat inne helfe. Mänchmol es et ejal, wa'mer sing Arbeit op späder verschieb, ävver wann et öm Aapebrutbäum jeit, es dat immer en Katastroph. Ich han ene Planet kennejeleht, wo ene Fulenzer wonne dät. Hä hät drei Aapebrutbäum nit beaach ...«

Un su, wie dä kleine Prinz et mer beschrevven hät, han ich dä Planet jemolt. Ich spille nit jän der Moralapostel. Ävver die Jefahr vun dä Aapebrutbäum es esu winnich bekannt, un die Risike vun einem, dä sich en enem Asteroid verdunn künnt, esu jroß, dat ich mich ens usnohmswies nit zeröckhalde. Ich sage: »Pänz! Passt op de Aapebrutbäum op!« Weil ich ming Fründe vör ener Jefahr warne well, die se ald lang bedräut, wie mich selver och, ohne se ze erkenne, han ich mich esu met däm Beld jeploch. Dat, wat mer dodrus lihre kann, es de Möhde wäät. Ehr frochte üch villeich: »Woför jit et he en däm Boch eijentlich nit noch mih esu en jrandiose Belder wie dat Beld vun dä Aapebrutbäum?« De Antwoot es janz eifach: »Ich han et versok, ävver et es mer nit jelunge.« Wie ich die Aapebrutbäum jemolt han, wor ich vun däm Jeföhl jedrevve, dat et dringend es.

De Aapebrutbäum

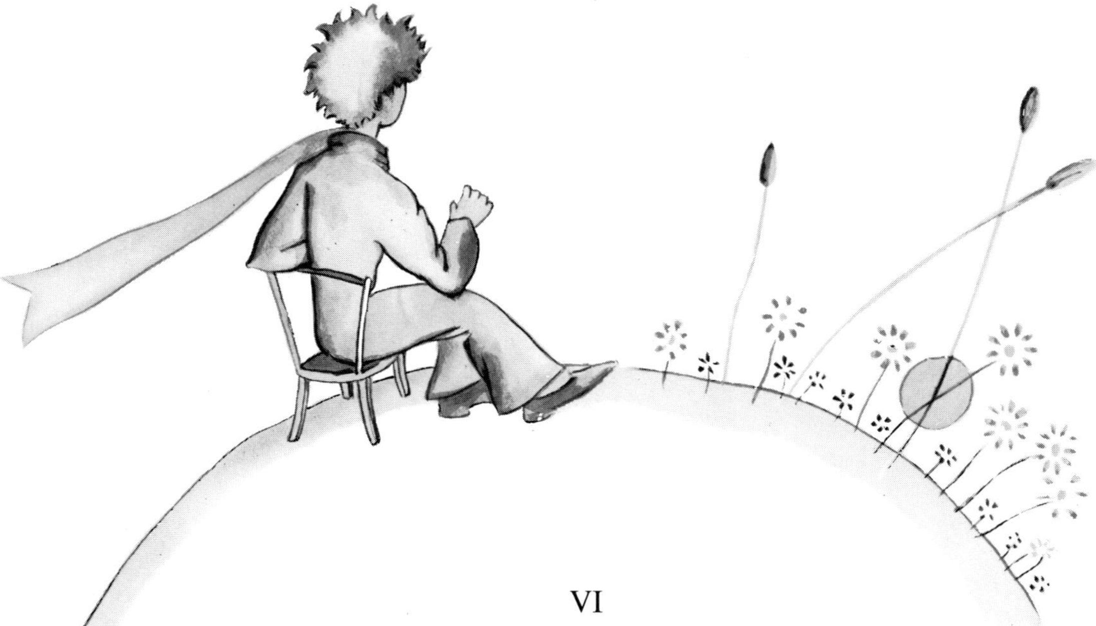

VI

Och, kleine Prinz! Su noh un noh han ich di klei leidmödich Levve verstande. Lang häs do för de Zick ze verdrieve bloß die Freud jehat zozesinn, wie daachdäächlich de Sonn ungerjeit. Ich han dat eesch am veerte Daach en der Fröh metkräje, wie do jesaht häs:

»Ich han Sonneungerjäng ärch jän. Kumm, loss mer ene Sonneungerjang loore …«

»Do muss mer ävver noch jet waade …«

»Wodrop dann?«

»Jo, bes dat de Sonn ungerjeit.«

Et eesch wors do perplex, un dann häs do üvver dich selver jelaach un för mich jesaht:

»Ich meinen immer noch, ich wör zu Huus.«

Su es et. Wann en Amerika Meddaach es, jeit de Sonn, wie jerderein weiß, en Frankreich unger. Mer möt bloß en einer Minutt noh Frankreich fleeje künne, dann künnt mer och dobeisin, wann de Sonn do ungerjeit. Schad, dat Frankreich so wick fott es. Op dingem kleine Planet dät et ävver ald recke, met dem Stohl e paar Schrett wigger ze rötsche. Un jedesmol, wann do jewollt hätts, hätts do der aanloore künne, wie et dunkel weed …

»Eimol han ich an enem Daach dreiunveezichmol jesinn, wie de Sonn ungerjeit.«

Un jet späder häs do noch jesaht:

»Weiß do … wann mer ärch bedröv es, hät mer Sonnenungerjäng jän …«

»An däm Daach met dä dreiunveezich Mol wors do wal ärch bedröv jewäs?« Ävver der kleine Prinz jov mer kein Antwoot.

VII

Am fünfte Daach, immer noch dank mingem Schof, wood mer dat Jeheimnis öm et Levve vum kleine Prinz erklärt. Hä dät mich ruppdich, ohne vill Drömeröm, froge, su als wann hä sich lang en Rauh met däm Problem erömjeschlagen hätt:

»Wann e Schof Strüch friss, friss et dann och Blome?«

»E Schof friss alles, wat im en der Wääch kütt.«

»Esujar Blome met Dööner?«

»Eja. Esujar Blome met Dööner.«

»Woför daugen Dööner üvverhaup?«

Ich woss et nit. Ich wor jrad ärch em Brass, wie ich en Schruv, die zo fass aanjetrocke wor, us mingem Motor eruskräht. Ich maht mer richtich

Sorch, dann et soch esu us, als wööd us minger Pann jet Ähnzes, un et Wasser, wat an et Engk jing, leet mich et Schlemmste befürchte.

»Woför daugen Dööner?«

Dä kleine Prinz jov nie en Froch op, wann hä se eimol jestallt hatt. Ich wor mich üvver ming Schruv am ärjere un saht irjendjet:

»Dööner daugen för jar nix, dat es de reinste Biestichkeit vun dä Blome!«

»Och!«

Ävver noh enem Püüsje worf hä mer e bessje wödich entjäje:

»Ich jläuven der nit! Blome sin schwaach. Se sin naiv. Se secheren sich av, esujot, wie se künne. Se meine, se wöre fürchterlich met ehre Dööner …«

Ich saht nix. En däm Momang daach ich: »Wann die Schruv nit endlich nohjitt, hauen ich se met enem Hammerschlaach erus.« Der kleine Prinz stoot ald widder ming Jedanke:

»Un do jläuvs wirklich, dat Blome …«

»Enä! Enä! Ich jläuve jar nix! Ich han irjendjet jesaht. Ich beschäftije mich met ähnze Saache!«

Hä dät mich verbasert aanloore.

»Ähnze Saache?«

Hä soch mich mem Hammer en der Hand un met vum Öl dreckelije Fingere üvver e Dinge jelähnt, wat för in ärch hässlich ussoch.

»Do sprichs wie de jroße Lück!«

Do han ich mich e bessje jeschammp. Ävver ohne Metligge saht hä noch:

»Do verwäßels alles … do wirfs alles durchenander!«

Hä wor richtich wödich. Hä dät sing jolde Hoore em Wind schöddele:

»Ich kennen ene Planet, wo ene knallrude Mann wonnt. Hä hät nie en Blom jeroche. Hä hät nie ene Stään aanjeloot. Hä hät nie einer jän jehatt.

Hä hät nie jet andersch jedon wie zosammejezallt. Un der janzen Daach hät hä wie do widderholt: Ich ben ene wichtije Mann! Ich ben ene wichtije Mann! Un dat liet in vör luuter Strunz deck wie en Putschblos wäde. Ävver dat es keine Mann, dat es ene Pelz!«

»Ne wat?«

»Ne Pelz!«

Dä kleine Prinz wor jetz janz blass vör luuter Wot.

»Zick Millione vun Johre fabrizeere Blome Dööner. Zick Millione vun Johre fresse Schofe trotzdäm Blome. Un et soll nit ähnz sin eruszofinge, woröm se sich esu ploge för Dööner zo fabrizeere, die zelebdesdaachs nix dauge? Es der Kreech zweschen dä Schofe un dä Blome nit ähnz? Es dat nit ähnzer un wichtijer wie de Additione vun enem decke rude Mann? Un wann ich en einzichadije Blom kenne, die et söns nirjends jitt, bloß op mingem Planet, un wann e klei Schof die eines Morjens met einem Schlaach platt maache kann, ohne sich jet dobei ze denke, dat soll nit wichtich sin?«

Hä wood rut un saht wigger:

»Wann einer en Blom leev hät, vun der et bloß ei einzich Exemplar op dä Millione un Abermillione vun Stääne jit, dann reck et för jlöcklich zo sin, wann hä se aanloot. Hä säht sich: Ming Blom es do irjendwo. Ävver wann dat Schof

die Blom friss, dann es dat för in, wie als wann sämplije Stääne op eimol usjingke! Un dat soll nit wichtich sin?«

Hä kunnt nix mih sage. Hä fing plötzlich aan ze kriesche. De Naach wor erenjebroche. Ich hat mi Werkzeuch falle jelosse. Ich han jet op minge Hammer, ming Schruv, der Doosch un der Dud jedresse. Et jov op mingem Planet, der Äd, ene kleine Prinz, dä jetrüüs wäde moot! Ich nohm en en der Ärm. Ich han en leis hin- un herjeweech. Ich saht för in: »Die Blom, die do leev häs, es nit en Jefahr … Ich molen för di Schof ne Muulkorv … Ich molen deer en Britz för ding Blom drömeröm … Ich …« Ich woss nit mih, wat ich noch sage sollt. Ich kom mer ärch tronskannich vör. Ich woss nit, wie ich aan en eraan kumme, en krijje sollt … Et Troneland es esu voller Jeheimnisse!

VIII

Et hät nit lang jedoort, do han ich die Blom besser kennejeleht. Op däm kleine Prinz singem Planet hät et ald immer eifache Blome jejovve. Se hatte bloß eine einzije Kranz met Blötebladder, se han eijentlich kein jroße Roll jespillt un han och keiner jestört. Eines Morjens sin se medden em Jras opjejange, un am Ovend woren se widder fott. Eines Daachs ävver hät die ein Blom us enem Some, dä, Jott weiß woher, aanjedrevve woode wor, Woozele jeschlage. Un der kleine Prinz hät op dat Plänzje, wat jar nit esu ussoch wie die andere Plänzjer, janz besondersch opjepass. Et hät jo en neu Zoot vun Aapebrutbäum sin künne. Ävver dä Struch hät bal mem Waße opjehoot un aanjefange, en Blöt zo drieve. Der kleine Prinz wor dobei, wie sich ene riesejroße Knopp jebeldt hät, un hä hät tireck dat Jeföhl jehatt, dat do janz jet Dolles eruskumme möt. Ävver die Blom wood un wood nit domet fädich, sich en singem jröne Kämmerche fing eruszeputze. Se hät sich ehr Färve met Akkuratess zosammejestallt. Se hät sich jenöchlich aanjetrocke un ei Blöteblättche nohm andere öntlich parat jelaat. Se wollt jo nit schrumpelich eruskumme wie en Klatschrus. Se wollt eesch eruskumme, wann se en voller Praach un Properität strohle kunnt. Jo, se wor ald jet huhpötzich. De janze Prozedur wor richtich jeheimnisvoll, un et hät en Häd Däach jedoort, bes se mem Fingmaache endlich fädich wor. Ävver dann wor et suwick. Op eimol, janz en der Fröh, wie jrad de Sonn opjejangen es, do hät se sich jezeich.

Un sei, die sich de janze Zick avjemöht un nix däm Zofall üverlosse hät, se dät eesch ens de Muul wick oprieße för ze jähne un dann sage:

»Ah! Ich ben noch jar nit richtich opjewaach. Ehr möt mich entscholdije … ich ben noch janz struvvelich.«

Do kunnt der kleine Prinz singe Amelung nit zoröckhalde:

»Nä, wat sid ehr schön!«

»Nit wohr!« hät die Blom jeflöstert.

»Un ich ben em selve Momang jebore wie de Sonn …«

Der kleine Prinz hät jlich jemerk, dat se nit jrad bescheide wor, ävver se wor esu joldich.

»Ich jläuv, et es ald Zick för et Fröhstöck!« hät se tireck donoh jesaht.

»Sid doch esu jot un doot och an mich denke.«

Der kleine Prinz wor janz durchenein, hät en Jeeßkann jehollt un de Blom jejosse.

Se wor jo ärch huhjefeesch un wood met ehrem Jedöns bal en Ploch. För e Beispill hät se eimol vun ehre veer Dööner jeschwad un för der Prinz jesaht:

»Die solle bloß kumme, die Tijer met ehre Kralle!«

»Et jit doch jar kein Tijer op mingem Planet«, hät der kleine Prinz jesaht, »usserdäm fresse Tijer kei Jras.«

»Ich ben ävver kei Jras«, hät die Blom leis jebröck.

»Exküsee.«

»Ich han kein Angs vör Tijere, ich kann et ävver nit verdrage, wann et trick. Hadder dojäje nit zofällich en spanische Wand?«

Se verdräht kein Zochluff … Dat es nit jot för en Planz, hät der kleine Prinz jedaach. Dat Blömche es ald jet kumplizeet …

»Wann et Ovend es, doot ehr mich unger en Jlasklock stelle. Bei üch es et jo fies kalt. Dat es för mich nit jot. Do, wo ich herkumme …«

Do hät se plötzlich opjehoot wiggerzespreche. Se wor doch als Some jekumme. Se hät doch jar nix vun andere Welte wesse künne. Se hät sich schineet, dat se dobei ertapp wooden es, su enfäl-

dich ze leje, un hät zwei- ov dreimol jehoß, för de Schold dem kleine Prinz üvverzedäue.

»De spanische Wand …?«

»Ich wollt se jrad holle jon, ehr wort ävver am verzälle!«

Dann hät se sich noch mih Möh jejovve, öntlich ze hooste, domet dä kleine Prinz trotzdäm Jewessensbess ploge sollte.

Trotz däm jode Welle vun singer Leevde komen im jetz Zwiefel aan ehr op. Hä hät dat jecke Jeschwads vun ehr ähnz jenomme un es ärch unjlöcklich jewoode.

»Ich hätt nit op se höre solle«, saht hä eines Daachs för mich su em Vertraue, »mer darf de Blome nit zohöre. Bloß aanloore soll mer se un aan inne ruche. De ming hät ehre Döff op mingem janze Planet verdeilt, ävver ich han mich nit dran freue künne. Dä Verzäll met de Kralle, dä mich su opjerääch hatt, hätt mich wal röhre solle …«

Em Vertraue hät hä noch jesaht:

»Ich kunnt dat domols nit bejriefe. Ich hätt se noh däm enschätze solle, wat se jedon hät, un nit noh däm, wat se jesaht hät. Der Döff un de Färve han mich en ehre Bann jetrocke. Ich wör besser nit tirre jejange … Un wann se och jet hingerlestich schung, se hät dobei doch bloß Zaatjeföhl jehatt – dat hädden ich spöre müsse. Blome sin esu widderspröchlich. Ävver ich wor eifach zo jung, för se richtich leev han zo künne.«

IX

Ich jläuv, wie hä tirre jejangen es, hät hä der Vugelszoch vun e paar Weldvüjjel usjenötz. Am Morje vun singer Avreis hät hä singe Planet schön opjerümp. Hä hät sing Vulkane, die et noch däte, jot jefääch. Im jehoote zwei Vulkane, die et noch däte. Un dat wor ärch kommod, för et Fröhstöck wärm zo maache. Im jehoot och ene Vulkan, dä us wor. Ävver, wie hä saht: Mer weiß et jo nie! – dät hä och singe Vulkan, dä us wor, fäje. Wann se jot jefääch sin, brennen de Vulkane höösch un rejelmößich, ohne Usbröch. Vulkanusbröch sin wie Kaminför. Et es klor, dat meer op uns Äd vill zo klein sin, för uns Vulkane ze fäje. Dröm maachen se uns ene Haufe Brassel.

Der kleine Prinz dät och, e bessje bedröv, de letzte Sprösslinge vun de Aapebrutbäum usrieße. Hä jläuvte, dat hä nie widderköm. Ävver all die Arbeide, die hä us Jewende dät, komen im dise Morje extrem leich vör. Un wie hä et letzte Mol die Blom jeeße dät un sich dran maht, se unger ehr Jlasklock zo dun, för se zo schötze, kom im op eimol et Krieschen aan.

»Adtschüss«, saht hä för die Blom.

Ävver se jov kein Antwoot.

»Adtschüss«, saht hä noch ens.

Die Blom dät hoste. Ävver dat wor nit wäjen ehrer Verkäldung.

»Ich wor domm«, saht se schleeßlich. »Dun mich exküseere. Versöök, jlöcklich ze sin.«

Hä wor üvverrasch, weil se im kein Vörwürf maht. Hä blevv do ston, janz durchenein, heelt de Jlasklock en de Hüh. Hä verstundt nit, dat die Blom op eimol su leev un räuhich wor.

»Ja jo, ich han dich leev«, saht im die Blom. »Do häs nix dovun jewoss, dat wor ming Schold. Dat hät nix zo sage. Ävver do bes jenau

Hä hät sing Vulkane, die et noch däte, jot jefääch.

esu domm jewäs wie ich. Versöök, jlöcklich zo sin … Loss die Jlasklock lijje. Ich well se nit mih.«

»Ävver der Wind …«

»Esu verkält ben ich och widder nit … De fresche Naakslooch weed mer jot dun. Ich ben en Blom.«

»Ävver de Deere …«

»Ich muss ald zwei ov drei Raupe erdrage künne, wann ich Fifaldere kennelihre well. Et süht esu us, als wör dat ärch schön. Wä köm mich söns besöke? Do wees wick fott sin. Vör de welde Deere han ich kein Angs. Ich han jo ming Dööner.«

Se dät unschöldich ehr veer Dööner zeije. Dann saht se noch:

»Trändel nit esu, dat rääch mich op. Do häs beschlosse zo jon. Jangk!«

Dann se wollt nit, dat hä se kriesche soch. Dat wor evvens en huhpötzije Blom …

X

Hä wor en der Jäjend vun de Asteroide 325, 326, 327, 328, 329 un 330. Hä hät alsu aanjefange, se ze besöke, för sich de Zick ze verdrieve un och, för jet dobeizelihre.

Op dem eeschte wonnte ne Künning.

Dä Künning soß en Purpur un Hermelin op enem janz eifache, ävver dobei doch majestätische Thron.

»Ah! Süch ens aan! Einer, dä op mich hööt!« reef der Künning, wie hä dä kleine Prinz soch.

Un der kleine Prinz hät sich jefroch: Wie kann dä mich kenne, wann dä mich noch nie jesinn hät?

Hä woss jo nit, dat de Welt för ene Künning ärch eifach es: Alle Minsche sin Lück, die op in höre.

»Kumm ens bei mich, domet ich dich besser sinn kann«, saht der Künning un wor stolz, dat hä endlich Künning üvver einer wor.

Der kleine Prinz loorte, wo hä sich ens setze künnt, op däm Planet wor ävver keine Plaatz mih frei, alles wor zojedeck vun däm präächdije Hermelinmantel.

Su blevv hä ston, un weil hä möd wor, hät hä ze jappe aanjefange.

»Sujet deit mer nit, vör enem Künning jappe!« saht der Künning. »Dat verbeeden ich der!«

»Do kunnt ich doch nit för«, saht drop der Prinz un wor janz durchenein. »Ich han ne wigge Wääch hinger mer un han nit jeschlofe ...«

»Dann befellen ich der ze jappe!« saht der Künning. »Ich han zick Johre keiner jappe jesinn. Dat Jappe es för mich janz jet Besonderes. Loss, dun noch ens jappe! Dat es ene Befell!«

»Dat mäht mich bang ... ich kann nit mih ...«, struddelten der kleine Prinz un leef rut aan em Jeseech .

»Hm, hm!« jov der Künning zor Antwoot. »Dann ... dann befellen ich der, ens ze jappe un dann ens widder nit ...«

Hä hät erömjestruddelt un schung jet verärjert.

Däm Künning wor et nämlich ärch wichtich, dat mer sing Autorität respekteere dät. Hä kunnt et nit verknuse, wann mer nit dat dät, wat hä wollt. Hä hatt janz allein et Rejalt. Weil hä ävver och jotmödich wor, jov hä vernünftije Befelle.

»Wann ich enem Jeneral der Befell jöv«, saht hä flöck, »wann ich enem Jeneral der Befell jöv, sich en ene Seevugel ze verwandele, un wann der Jeneral nit folje dät, wör dat nit dem Jeneral sing Schold. Et wör ming Schold.«

»Darf ich mich setze?« frochten der kleine Prinz jet schenant.

»Ich befellen der, setz dich!« saht der Künning un trok majestätisch ne Zibbel vun singem Hermelinmantel zeröck.

Ävver der kleine Prinz wor baff. Dä Planet wor esu ärch klein. Üvver wat hätt do der Künning et Rejalt han künne?

»Här Künning«, saht hä, »ich bedden Üch, nemmt et mer nit kromm, dat ich Üch ens en Froch stelle ...«

»Ich befellen der, dat do mer en Froch stells!« saht der Künning flöck.

»Här Künning ... üvver wat hat ehr eijentlich et Rejalt?«

»Üvver alles«, jov im der Künning janz eifach zor Antwoot.

»Üvver alles?«

Der Künning hov höösch beidse Häng un zeichten op singe Planet, op die andere Planete un op de Stääne.

»Üvver all dat?« frochten der kleine Prinz.

»Üvver all dat!« jov der Künning zor Antwoot.

Hä wor nämlich nit bloß ne avselute Herrscher, hä wor ne Weltherrscher.

»Un de Stääne hören op Üch?«

»Ja jo dat«, saht der Künning. »Se hören op mi Woot. Ich losse keine Widdersproch opkumme.«

Üvver su vill Maach wor der kleine Prinz ärch verbasert. Wann hä selvs su vill Maach jehat hätt, wör et im müjjelich jewäs, aan einem Daach nit bloß vierunveezich Sonneungerjäng ze sinn, sondern zweiunsibbenzich ov hundert ov sujar zweihundert, ohne met dem Stohl e Stöckelche wigger rötsche ze müsse. Wie im singe kleine Planet enfeel, wood hä e jet bekömmert, un hä nohm si Hätz en beidse Häng un frochten der Künning, ov hä im nit ene Jefalle dun künnt.

»Ich dät su jän ene Sonneungerjang sinn ... Sid esu jot ... Jevvt der Sonn der Befell ungerzejon ...«

»Wann ich nem Jeneral befellen dät, wie ne Fifalder vun einer Blöt noh der andere ze fleeje ov e Troorspill ze schrieve ov sich en ne Seevugel ze verwandele, un der Jeneral dät minge Befell nit usföhre, wä vun uns zwei wör dann em Unrääch, dä oder ich?«

»Ehr!« saht der kleine Prinz fass un secher.

»Richtich. Mer muss vun jedemein dat verlange, wat hä jevve kann«, saht der Künning. »Respek kritt mer bloß, wann mer vernünftich es. Wann do dingem Volk der Befell jiss, sich en et Meer ze werfe, weed et secher revolteere. Weil ming Befelle ävver vernünftich sin, kann ich erwade, dat se befolch wäde.«

»Un wat es jetz met mingem Sonneungerjang?« meint der kleine Prinz. Wann hä eimol en Froch jestallt hatt, dät hä se nit mih verjesse.

»Do solls dinge Sonneungerjang han. Ich jevven der Befell. Weil ich ävver met Kloochheit rejeere, dun ich leever noch jet wade, bes de Ömständ doför jünstich sin.«

»Un wann weed dat sin?« versook der kleine Prinz eruszefinge.

»Hm, hm«, jov der Künning zor Antwoot, derwiel hä en enem decke Kalender am bläddere wor. »Hm, hm! Su jäje … jäje … dat weed hück ovend su jäje zwanzich vör aach sin. Un do wees sinn, wie mer op mich hööt.«

Der kleine Prinz moot jappe. Et hät im leid jedon, singe Sonneungerjang versümp ze han. Un bovvendren wood et im ald jet langwielich.

»Ich han he nix mih ze dun«, saht hä för der Künning. »Ich jon widder fott.«

»Jangk nit fott!« saht drop der Künning, dä esu stolz wor, endlich ens einer ze han, dä op in hoot. »Jangk nit fott, ich maach uus deer ne Minister.«

»Wat för eine dann?«

»Ne … Justizminister.«

»Ävver et jit doch keiner he, üvver dä ich reechte künnt!«

»Dat kann mer nit wesse«, saht der Künning. »Ich wor jo noch nit üvverall en mingem Rich jewäse. Ich ben ald ärch alt, ich han keine Plaatz för ene Wage, un et Jon mäht mich möd.«

»Jo, ävver«, saht der kleine Prinz un hät sich dobei erüvverjelähnt, för op de andere Sick vun dem Planet spingkse ze künne, »ich han ald jesinn, do drüvve es och keiner …«

»Dann muss de evvens üvver dich selvs reechte«, saht der Künning. »Dat es et Schwerste. Et es vill schwerer, üvver sich selvs ze reechte wie üvver ander Lück. Wann der dat jelingk, dann bes do verhaftich ne wiese Mann.«

»Ich kann üvver mich selvs reechte, ejal wo ich ben«, saht der kleine Prinz. »Doför bruch ich doch nit he ze wonne.«

»Hm, hm«, saht der Künning, »ich jläuv, et jit irjendwo op mingem Planet en ahl Ratt. Ich hör se en der Naach. Üvver die künnts de reechte. Av un aan deis do die zom Dud verordeile. Su hängk ehr Levve vun dingem Ordeil av. Do wees se ävver jedesmol bejnadije, för se ze verwahre. Et jit jo bloß die ein.«

»Ich dun nit jän einer zom Dud verordeile«, saht der kleine Prinz, »un ich jläuv, ich maache mich jetz durch de Kood.«

»Nä«, saht der Künning.

Der kleine Prinz wor ald suwick fottzejon, wollt dem ahle Künning ävver och nit wihdun.

»Wann för Ör Majestät dat met dem Jehorsam ohne Widderwööt su wichtich es, dann künnt Ehr mer jo ne vernünftije Befell jevve. För e Beispill künnt Ehr mer befelle, dat ich en einer Minutt fott sin soll. Ich han et Jeföhl, dat de Ömständ jrad jünstich sin …«

Do saht der Künning nix zo. Der kleine Prinz dät noch ene Momang waade, ävver dann es hä doch fottjejange.

»Do wees minge Botschafter!« reef der Künning flöck hingerher.

Dobei hät hä ärch wichtich jedon.

Die jroße Lück sin ald jet komisch, saht der Prinz för sich selvs un es wiggerjereis.

XI

Om zweite Planet wonnte ne enjebildte Jeck, dä wor ärch huhjefeesch.

»Ah! Ah! Loor ens do, do kütt mich einer besöke, dä mich bewundert!« reef dä Huffaatspinsel ald vun fäns, wie hä dä kleine Prinz jesinn hatt.

Dann för Huffaatspinsele sin ander Lück all Bewunderer.

»Joden Daach!« saht der kleine Prinz. »Ehr hat ene löstije Hot aan.«

»Dä es för ze jröße«, jov der Huffaatspinsel zor Antwoot. »Dä bruch ich, för ze jröße, wann einer mer zojubelt. Schad, dat he keiner lans kütt.«

»Jo?« saht der kleine Prinz, dä nix dovun verstundt.

»Klätsch ens en de Häng«, dät im der Huffaatspinsel rode.

Der kleine Prinz dät en de Häng klätsche. Der Huffaatspinsel dät singe Hot jet aanhevve un höösch jröße.

Dat es ävver löstijer wie dä Besök bei däm Künning, saht der kleine Prinz för sich, un hä fing widder aan, en de Häng ze klätsche. Dä Huffaatspinsel fing widder aan ze jröße un singe Hot ze hevve.

Noh fünf Minutte wor der kleine Prinz dä Türelür vun däm Spill leid.

»Un wat muss mer dun, dat dä Hot eravfällt?« dät hä froge.

Ävver dä Huffaatspinsel hoot et nit. Huffaatspinsele krijjen bloß Jefeukels met.

»Deis de mich wirklich ärch bewundere?« frochten hä dä kleine Prinz.

»Wat es dat: ›bewundere‹?«

»Bewundere heiß, enzesinn, dat ich der Schönste, dä met der fingste Kledaasch, der Richste un der Schlauste op däm Planet he ben.«

»Ävver do bes doch allein op däm Planet!«

»Du'mer dä Jefalle! Dun mich trotzdäm bewundere!«

»Ich bewundere dich«, saht der kleine Prinz un dät met de Scholdere zucke, »ävver woröm es der dat dann esu wichtich?«

Un der kleine Prinz maht sich durch de Kood.

De jroße Lück sin wirklich ärch jeck, saht hä för sich selvs un es wiggerjereis.

XII

Om nöhkste Planet wonnten en Suffkrat. Dä Besök wor ärch koot, ävver hä maht, dat der kleine Prinz et ärme Deer kräht.

»Wat mähs de do?« saht hä för de Suffkrat, die hä sillich vör ener Häd leddije un ener Häd voll Fläsche soch.

»Ich suffe«, jov die Suffkrat zor Antwoot un lorten ärch düster dren.

»Woför süffs do?« frochten se der kleine Prinz.

»För ze verjesse«, jov de Suffkrat zor Antwoot.

»För wat ze verjesse?« wollt dä kleine Prinz wesse un dät se ald bedore.

»För ze verjesse, dat ich mich schamme«, jov die Suffkrat zo un leet der Kopp hange.

»Woför deis de dich dann schamme?« dät sich der kleine Prinz schlau maache un wollt im helfe.

»Weil ich suffe!« saht de Suffkrat noch un verschloss sich janz en ehr Stellches.

Un der kleine Prinz jing ärch verbasert fott.

De jroße Lück sin wirklich ärch jeck, saht hä för sich selvs un es wiggerjereis.

XIII

Der veete Planet wor dä vum Jeschäffsmann. Dä Mann wor esu beschäftich, dat hä nit ens der Kopp hevve dät, wie der kleine Prinz aankom.

»Joden Daach«, saht dä för en. »Ör Zerett es usjejange.«

»Drei un zwei sin fünf. Fünf un sibbe zwölf. Zwölf un drei fuffzehn. Tach. Fuffzehn un sibbe zweiunzwanzich. Zweiunzwanzich un sechs sin aachunzwanzich. Kein Zick, för se widder aanzemaache. Sechsunzwanzich un fünf einundressich. Uf! Dat mäht alsu fünfhundert un ein Millione sechshundertzweiunzwanzichdausendsibbehunderteinundressich.«

»Fünfhundert Millione vun wat?«

»Wat? Bes de immer noch do? Fünfhundert un ein Millione … ich weiß et nit mih … ich han esu vill Arbeit! Ich nemmen et jo ähnz, ich jevve mich nit met Kinkerlitzjer av! Zwei un fünf sin sibbe …«

»Fünfhundert un ein Millione vun wat?« dät der kleine Prinz noch ens froge. Hä hät noch nie en singem Levve op en Froch verzich, wann hä se eimol jestallt hatt.

Der Jeschäffsmann dät der Kopp hevve:

»Zick veerunfuffzich Johr, wo ich he op däm Planet wonne, ben ich bloß dreimol jestoot woode. Et eeschte Mol vör zweiunzwanzich Johr vun enem Maikevver, weiß der Herrjott, woher dä eravjefallen es. Hä dät ene furchbare Radau maache, un ich han veer Fähler en ener Rechnung jemaht. Et zweite Mol wor et vör elf Johr durch ene Jeeschaanfall. Mer fählt de Bewäjung. Ich han kein Zick, för spazeere zo jon, ich nemmen et jo ähnz! Et drette Mol … es jetz! Alsu, ich saht jrad fünfhundert un ein Millione …«

»Millione vun wat?«

Der Jeschäffsmann soch en, dat et kein Hoffnung op Rauh jov:

»Millione vun dä klei Dingere, die mer mänchmol am Himmel süht.«

»Fleeje?«

»Enä! Die klein Dingere, die leuchte.«

»Beie?«

»Enä! Die klein jolde Dingere, die de Fulenzer aan et Dräume bränge. Ävver ich nemmen et jo ähnz! Ich han kein Zick, för ze dräume.«

»Ah! Stääne?«

»Dat es et. Stääne.«

»Un wat mähs do met fünfhundert Millione Stääne?«

»Fünfhundert un ein Millione sechshundertzweiunzwanzichdausendsibbehunderteinundressich. Ich nemmen et jo ähnz. Ich nemmen et jenau!«

»Un wat mähs de met dä Stääne?«

»Wat ich domet maache?«

»Jo.«

»Nix. Die jehöre mer.«

»Deer jehöre de Stääne?«

»Jo.«

»Ävver ich han ald ene Künning jesinn, däm dät ...«

»Künninge jehööt nix. Die han et Rejalt üvver jet. Dat es jet janz anderes.«

»Un wat nötz dich dat, dat der Stääne jehöre?«

»Dat nötz mich, rich zo sin.«

»Un wat nötz dich dat, rich zo sin?«

»Ich kann Stääne dobeikaufe, wann se einer fingk.«

Dä do, saht sich der kleine Prinz, denk e bessje wie ming Suffkrat.

Trotzdäm dät hä wiggerfroge:

»Wie künnen einem dann Stääne jehöre?«

»Wäm jehören se dann?« jov dä Jeschäffsmann krintich zoröck.

»Weiß ich nit. Keinem.«

»Alsu sin se meer, weil ich et eesch dran jedaach han.«

»Reck dat?«

»Ja jo. Wann do ene Diamant fings, dä keinem jehööt, es e deer. Wann do en Insel fings, die keinem jehööt, es se deer. Wann do als eeschter en Idee häs, ließ de se der patenteere, se jehööt deer. Un meer jehören de Stääne, weil vör meer nie einer dran jedaach hät, se künnten im sin.«

»Dat stemmp«, saht der kleine Prinz. »Un wat mähs do domet?«

»Ich passen drop op. Ich zälle se widder un widder«, saht der Jeschäffsmann. »Dat es schwer. Ävver ich ben ene Mann, dä et ähnz nimmp.«

Der kleine Prinz wor noch nit zofredde.

»Wann mer ne Siggeschal jehööt, kann ich en mer öm der Hals dun un en fottdrage. Wann mer en Blom jehööt, kann ich ming Blom plöcke un fottdrage. Ävver do kanns kein Stääne plöcke!«

»Nä, ävver ich kann se op de Bank dun.«

»Wat heiß dat?«

»Dat heiß, dat ich op e Zeddelche schrieve, wie vill Stääne ich han. Un dann schleeßen ich dä Zeddel en ener Schublad en.«

»Un dat es alles?«

»Dat reck!«

Dat es löstich, daach der kleine Prinz. Dat es bal ald poetisch. Ävver dat es wal nit janz ähnz zo nemme.

Der kleine Prinz hatt sich unger ähnze Saache evvens jet anderes vörjestallt wie de jroße Lück.

»Meer«, saht hä schleeßlich noch, »mer jehööt en Blom, die ich jeden Daach jeeße. Mer jehöre drei Vulkane, die ich jede Woch rein maache. Dann ich maachen och dä rein, dä et nit mih deit. Mer weiß et jo nie. Dat nötz minge Vulkane jet, un et nötz och minger Blom, dat se meer jehööt.

Ävver do nötz dinge Stääne nix …«

Der Jeschäffsmann maht de Muul op, ävver fung nix drop zo sage, un der kleine Prinz jing fott.

De jroße Lück sin wirklich janz ußerjewöhnlich, saht hä för sich selvs un es wiggerjereis.

XIV

Der fünfte Planet wor ärch komisch. Et wor der kleinste vun inne all. Et jov do jrad jenoch Plaatz för en Stroßelantän un ene Lantänemann ungerzebränge. Dä kleine Prinz kunnt sich nit explezeere, woför irjendwo em Himmel op enem Planet ohne Huus un Lück, die do wonne, en Stroßelantän un ene Lantänemann jot sin sollt. Doch hä saht för sich selvs:

Villeich es dä Mann verdötsch. Trotzdäm es hä winnijer verdötsch wie der Künning, der Huffaatspinsel, der Jeschäffsmann un die Suffkrat. Winnichstens hät sing Arbeit ene Senn. Wann hä sing Lantän aanmäht, dann es dat esu, als dät hä ne neue Stään ov en Blom en de Welt bränge. Wann hä sing Lantän usmäht, dann liet dat die Blom ov dä Stään enschlofe. Dat es ene ärch nette Zickverdriev. Dat es wirklich nötzlich, weil et nett es.

Wie hä op dä Planet kom, dät hä dä Lantänemann adich jröße:

»Joden Daach. Woför häs de jrad ding Lantän usjemaht?«

»Dat es Vörschreff«, jov der Lantänemann zor Antwoot. »Jode Morje.«

»Wat es Vörschreff?«

»Dat es, ming Lantän uszemaache. 'n Ovend.«

Un hä dät se widder aanmaache.

»Ävver woför häs de se dann jrad widder aanjemaht?«

»Dat es Vörschreff«, jov der Lantänemann zor Antwoot.

»Dat verston ich nit«, saht der kleine Prinz.

»Do jit et nix ze verston«, saht der Lantänemann. »Vörschreff es Vörschreff. Tach.«

Un hä dät sing Lantän usmaache.

Dann dät hä sich de Steen met enem rutwieß kareete Sackdooch avdrüjje.

»Ich dun he ne furchbare Deens. Dat hatt fröher ene Senn. Ich maht morjens us un ovends aan. Ich hatt der Ress vum Daach, för mich uszereste, un der Ress vun der Naach, för ze schlofe …«

»Un hät sich zick dä Zick de Vörschreff jeändert? «

»De Vörschreff hät sich nit jeändert«, saht dä Lantänemann. »Dat es jo dat Drama! Dä Planet hät sich vun Johr zo Johr flöcker jedriht, un de Vörschreff hät sich nit jeändert.«

»Un jetz?« saht der kleine Prinz.

»Un jetz, wo hä eimol en der Minutt de Rund mäht, han ich kein Sekund Rauh mih. Ich maache eimol en der Minutt aan un us!«

»Dat es löstich! De Dääch bei deer duuren ein Minutt!«

»Dat es üvverhaup nit löstich«, saht dä Lantänemann. »Mer schwaden ald ene janze Mond zesamme.«

»Eine Mond?«

»Ich dun ne furchbare Deens.«

»Jo. Dressich Minutte. Dressich Dääch! 'n Ovend.«

Un hä maht sing Lantän widder aan.

Der kleine Prinz soch en aan, un hä hatt dä Lantänemann jän, dä esu treu der Vörschreff deene dät. Hä dät sich aan de Sonneungerjäng entsenne, die hä selver fröher jesook hat, wie hä singe Stohl immer wiggerjeröck hät. Hä wollt singem Fründ helfe:

»Weiß de … ich wöss do jet, wie de dich reste künnts, wann de wells …«

»Ich well jän«, saht der Lantänemann.

Dann mer kann jlichziggich treu un fuul sin.

Der kleine Prinz maht wigger:

»Dinge Planet es esu klein, dat de met drei Sprüng eimol rund küss. Do muss bloß esu langksam jon, dat de luuter en der Sonn blievs. Wann de dich reste wells, jeis de wigger … un der Daach duurt esu lang, wie de wells.«

»Dat brengk mich och nit wigger«, saht der Lantänemann. »Wat ich för mi Levve jän dun, es schlofe.«

»Häs de Pech jehat«, saht der kleine Prinz.

»Han ich Pech jehat«, saht der Lantänemann. »Tach«.

Un hä maht sing Lantän us.

Dä do, saht sich der kleine Prinz, wie hä wigger op de Reis jing, dä do wööd vun all dä andere messaach, vum Künning, vum Huffaatspinsel, vun der Suffkrat, vum Jeschäffsmann. Doch es et der einzije, dä mer nit lächerlich vörkütt. Dat litt villeich dodran, dat hä sich met jet anderem bedeit wie met sich selvs.

Hä hatt ens bedröv jekühmp un saht sich noch:

Dä do es der einzije, dä ich zo mingem Fründ hät maache künne. Ävver singe Planet es wirklich ze klein. Et es keine Plaatz för zwei …

Wat der kleine Prinz vör sich selvs ävver nit zojevve wollt, wor, dat hä nit jän vun däm Planet fottjejangen es, weil dä met dausendvierhundertveezich Sonneungejäng en vierunzwanzich Stund jesähnt wor!

XV

Der sechste Planet wor zehnmol esu jroß wie der letzte. Do wonnten ene ahle Mann, dä riesije Böcher schrieve dät.

»Dä, süch ens aan! Ne Forscher!« reef hä, wie hä dä kleine Prinz soch.

Der kleine Prinz dät sich op der Desch setze un sich ens reste. Hä wor ald esu lang ungerwähs!

»Wo küss de her?« frochte in der ahle Mann.

»Wat es dat för e deck Boch?« frochte der kleine Prinz. »Wat maht ehr do?«

»Ich ben Jeojraph«, saht der ahle Mann.

»Wat es dat, ne Jeojraph?«

»Dat es ene Wessenschaffler, dä weiß, wo de Meere lijje, de Flüss, de Städt, de Birch un de Wöste.«

»Dat es ävver interessant«, saht der kleine Prinz. »Dat es endlich ens ene richtije Berof!« Un hä dät ens e Auch riskeere öm sich eröm üvver dä Planet vun däm Jeojraph. Hä hat noch nie esu ene präächdije Planet jesinn.

»Dä es ärch schön, Öre Planet. Jit et he Ozeane?«

»Dat kann ich nit wesse«, saht der Jeojraph.

»Och!« (Der kleine Prinz wor enttäusch.) »Un Birch?«

»Dat kann ich nit wesse«, saht der Jeojraph.

»Un Städt un Flüss un Wöste?«

»Dat kann ich och nit wesse«, saht der Jeojraph.

»Ävver Ehr sid doch Jeojraph!«

»Dat stemmp«, saht der Jeojraph, »ävver ich ben keine Forscher. Mer fähle janz nüdich Forscher. Nit der Jeojraph zällt de Städt, de Flüss, de Birch, de Meere, de Ozeane un de Wöste. Der Jeojraph es vill zo wichtich, för erömzolaufe. Hä jeit nie us singer Studeerstuvv. Ävver do emfängk hä Forscher. Hä stellt inne Froge un schriev op, wodran se sich entsenne. Un wann de Erinnerunge vun einem vun denne im interessant vörkumme, liet der Jeojraph ungersöke, ov hä jet dauch.«

»Woför dat dann?«

»Weil ene Forscher, dä leje dät, Katastrophe en de Jeojraphieböcher uslöse dät. Un och esu ne Forscher, dä zovill suffe dät.«

»Woför dat dann?« frochte der kleine Prinz.

»Weil Suffkrade dubbelt sinn. Dann dät der Jeojraph zwei Birch enzeichene, wo et er bloß eine einzije jit.«

»Ich kennen einer«, saht der kleine Prinz, »dä ene schläächte Forscher avjöv.«

»Dat kann sin. No, wann et esu ussüht, dat ene Forscher jet dauch, ungersöök mer dat, wat hä entdeck hät.«

»Jeit mer dann, för nohzesinn?«

»Nä. Dat es ze kumplizeet. Ävver mer verlangk vun däm Forscher, dat hä Bewiese livvert. Wann et för e Beispiel öm de Entdeckung vun enem jroße Birch jeit, verlangk mer, dat hä jroße Stein metbrengk.«

Op eimol wood dä Jeojraph ärch altereet.

»Ävver do, do küss vun wick her! Do bes ene Forscher! Do deis mer dinge Planet beschrieve!«

Un wie dä Jeojraph si Rejister opjeschlage hatt, dät hä singe Bleisteff spetze. Mer schriev et eesch met enem Bleisteff op, wat der Forscher ze bereechte hät. Mer waadt av, jet met Tint ze schrieve, bes dat der Forscher Bewiese jelivvert hät.

»Na?« frochte der Jeojraph.

»Och! Bei meer«, saht der kleine Prinz, »jit et nix Interessantes. Do es et janz klein. Ich han drei Vulkane. Zwei Vulkane, die et dun, un eine Vulkan, dä et nit mih deit. Ävver mer weiß et jo nie.«

»Mer weiß et jo nie«, saht der Jeojraph.

»Ich han och en Blom.«

»Blome schrieve mer nit op«, saht der Jeojraph.

»Woröm nit? Dat es doch et Schönste!«

»Weil de Blome ephemer sin.«

»Wat bedück ›ephemer‹?«

»Jeojraphieböcher«, saht der Jeojraph, »sin de wichtichste Böcher, die et jit. Se wäde nie altfränksch. Et es ärch selde, dat ene Birch sing Plaatz wäßelt. Et es ärch selde, dat ene Ozean si Wasser uslaufe liet. Mer schrieve bloß iwije Saache op.«

»Ävver Vulkane, die et nit mih dun, künne doch plötzlich widder usbreche«, ungerbroch en der kleine Prinz. »Wat bedück ›ephemer‹?«

»Ov de Vulkane us sin ov usbreche, dat kütt för uns op etselve erus«, saht der Jeojraph. »Wat för uns zällt, es dä Birch. Dä verändert sich nit.«

»Ävver wat bedück ›ephemer‹?« dät der kleine Prinz noch ens froge, dä noch nie en singem Levve op en Froch verzich hat, wann hä se eimol jestallt hatt.

»Dat bedück ›jet es bedräut, bal futtü ze sin‹.«

»Ming Blom es bedräut, bal futtü ze sin?«

»Jo secher dat.«

Ming Blom es ephemer, saht sich der kleine Prinz, un se hät bloß veer Dööner, för sich jäje de Welt zo werre! Un ich han se janz allein doheim jelosse!

Dat wor et eeschte Mol, dat hä et bedore dät, fottjejange ze sin. Ävver hä kräht widder neue Mot un frochte:

»Wo doot ehr mer rode hinzejon?«

»Op der Planet Äd«, jov im der Jeojraph zor Antwoot. »Dä hät ene jode Rof ...«

Un der kleine Prinz jing fott un sonn singer Blom noh.

XVI

Der sibbente Planet wor alsu de Äd.

De Äd es nit irjendeine Planet! Mer zällt do hundertelf Künninge (de Nejerkünninge natörlich metjerechent), sibbedausend Jeojrafe, nünghundertdaudend Jeschäffslück, sibbenenhalv Millione Suffkrade, dreihundertelf Millione Huffaatspinsele, dat mäht unjefähr zwei Milliarde jroße Lück.

För üch en Vörstellung vun dä Usmoße vun der Äd zo jevve, verzällen ich üch, dat mer vör der Erfindung vun der Elektrizität do op alle sechs Kontinente en richtije Armee vun vierhundertzweiunsechsichdausendfünfhundertelf Lantänemänner ungerhalde moht.

E bessje vun fäns jesinn jov dat e herrlich Beld. De Bewäjunge vun dä Armee woren wie die vun enem Opernballett fassjelaht. Et eesch woren die Lantänemänner vun Neuseeland un Australie aan der Reih. Wann die dann ehr Lantäne aanjemaht hatte, jingken se schlofe. Donoh komen de Lantänemänner us China un Sibirie me'm Danze dran. Dann mahten sich och die widder hinger de Kulisse. Donoh woren de Lantänemänner us Russland un Indie dran. Dann die us Afrika un Europa. Dann die us Südamerika. Dann die us Nordamerika. Un nie verdäten se sich dren, wie se hingerenein optredde mohte. Dat wor jrandios!

Bloß dä Lantänemann vun dä einzije Lantän am Nordpol un singe Kolleech vun dä einzije Lantän am Südpol däten e mößich un jenöchlich Levve führe. Se brohte bloß zweimol em Johr ze arbeide.

XVII

Wa'mer besonders vör Wetz spröhe well, kütt et ald ens vör, dat mer e bessje jet vum Päd verzällt. Ich wor jo nit jrad ihrlich met üch, wie ich üch vun de Latänemänner verzallt han. Nit dat die, die unse Planet nit kenne, ene janz verkehte Endrock dovun krijje. De Minsche nemmen op der Äd janz winnich Plaatz en. Wann die zwei Milliarde Lück, die op der Äd wonne, sich op einem Knubbel versammele däte, däten se leich op enem Maatplatz vun zwanzich mol zwanzich Meile Plaatz finge. Mer künnt de janze Minschheit op e winzich Inselche em Pazifik stivvele.

De jroße Lück jläuven üch natörlich nit. Se meine, se nöhme vill Plaatz en. Se kummen sich esu wichtich vör wie Aapebrutbäum. Jevvt denne ens der Rot, dat ens selver uszerechene. Se himmele Zahle aan, dat weed inne jefalle. Ävver doht dobei kein Zick verleere. Dat brengk nix. Ehr doot mer jo vertraue.

Wie der kleine Prinz dann op der Äd wor, wor hä richtich verbasert, dat hä üvverhaup keiner soch. Hä hatt ald Angs kräje, dat hä sich em Planet verdon hätt, bes hä jesinn hatt, wie ene Ring, jäl wie der Mond, sich em Sand bewäjen dät.

»Jod Naach«, saht der kleine Prinz op jot Jlöck.

»Jod Naach«, saht de Schlang.

»Op welche Planet ben ich erunderjefalle?« frochte der kleine Prinz.

»Op de Äd, en Afrika«, jov de Schlang zor Antwoot.

»Ah su! … Et jit alsu keiner op der Äd?«

»He es de Wöste. Et jit keiner en der Wöste. De Äd es jroß«, saht de Schlang.

Der kleine Prinz satz sich op ene Stein un hov der Bleck noh'm Himmel.

»Ich froge mich«, saht hä, »ov de Stään leuchte, dat jeder ens der singe widderfinge kann. Loor ens minge Planet. Hä es jenau üvver uns … Ävver wat dä wick fott es!«

»Hä es schön«, saht de Schlang. »Woröm bes de dann heher jekumme?«

»Ich han Moleste met ener Blom«, saht der kleine Prinz.

»Ah su!« saht de Schlang.

Dann sahten se nix.

»Wo sin de Minsche?« nohm der kleine Prinz schleeßlich et Jespräch widder op. »Mer es jet allein en der Wöste …«

»Mer es och bei de Minsche jet allein«, saht de Schlang.

Der kleine Prinz dät se lang aanlore.

»Do bes e komisch Deer«, saht hä schleeßlich för de Schlang, »su dönn wie ene Finger …«

»Ävver ich ben mächtijer wie der Finger vun enem Künning«, saht de Schlang.

Der kleine Prinz jriemelte:

»Do bes ävver nit ärch mächtich … do häs jo nit ens Föß … do kanns jo nit ens verreise …«

»Ich kann dich wigger brenge wie e Scheff«, saht de Schlang.

Se ringelte sich öm der Enkel vum kleine Prinz wie e jolde Foßkettche:

»Dä, dä ich beröhre, brängen ich widder en de Äd, wo hä erusjekummen es«, saht se noch. »Ävver do bes unschöldich, un do küss vun enem Stään …«

Der kleine Prinz saht nix dodrop.

»Do häs mer leid jedon, esu schwaach, wie de bes, op der Äd us Jranit. Ich kann der villeich ens helfe, wann de eines Daachs dinge Planet zo ärch vermess. Ich kann …«

»Do bes e komisch Deer«, saht hä schleeßlich för de Schlang,
»su dönn wie ene Finger …«

»Ah! Ich han dich ärch jot verstande«, saht der kleine Prinz, »ävver woför sprichs do luuter en Rötsele?«

»Ich lüse se all«, saht de Schlang.

Un se sahte nix mih.

XVIII

Der kleine Prinz jing durch de Wöste un trof bloß ein Blom. En Blom met drei Blädder, en Blom met nix dröm un nix dran …

»Joden Daach«, saht dä kleine Prinz.

»Tach«, saht de Blom.

»Wo sin dann de Minsche?« frochte der kleine Prinz höflich.

Die Blom hatt eines Daachs ens en Karawan vörbeitrekke sinn.

»De Minsche? Dovun jit et, jläuv ich, sechs ov sibbe. Ich han se vör Johre entdeck. Ävver mer weiß nie, wo se ze finge sin. Der Wind blös se durch de Jäjend. Se han kein Woozele, dat es för se ärch schlemm.«

»Adtschüss«, saht der kleine Prinz.

»Adtschüss«, saht de Blom.

XIX

Der kleine Prinz klomm op ene huhe Birch. De einzije Birch, die hä vörher kennejeleht hatt, woren die drei Vulkane, die im bes aan de Kneen jingke. Un dä Vulkan, dä et nit mih deit, dät hä als Höckerche bruche.

Vun esu enem huhe Birch wie däm he, saht hä sich alsu, wäden ich op eine Schlaach dä janze Planet un all die Minsche sinn … Ävver hä soch nix wie ärch spetze Felse, spetz wie Nodele.

»Joden Daach«, saht hä op jot Jlöck.

»Joden Daach … Joden Daach … Joden Daach …« jov et Echo zor Antwoot.

»Wä bes do?« saht der kleine Prinz.

»Wä bes do? … Wä bes do? … Wä bes do? …« jov et Echo zor Antwoot.

»Sid doch ming Fründe, ich ben allein«, saht hä.

»Ich ben allein … Ich ben allein … Ich ben allein …« jov et Echo zor Antwoot.

Wat för ene löstije Planet, daach hä do. Hä es janz drüch un janz spetz un janz salzich. Un de Minsche han üvverhaup kein Phantasie. Se widderholle bloß, wat mer inne säht … Doheim hatt ich en Blom, die sproch luuter zoeesch …

XX

Ävver et kom esu, dat der kleine Prinz, wie hä en lang Zick durch der Sand, de Felse un der Schnei jelaufe wor, endlich en Stroß fung. Un de Stroße föhren all bei de Minsche.

»Joden Daach«, saht hä.

Et wor ene Jade, voll met Ruse, die am blöhe wore.

»Joden Daach«, sahten de Ruse.

Der kleine Prinz dät se aanlore. Se däten all singer Blom jliche.

»Wä sid ehr?« dät hä se verbasert froge.

»Mer sin Ruse«, sahten de Ruse.

»Och!« saht der kleine Prinz …

Un hä fohlt sich ärch unjlöcklich. Sing Blom hatt im verzallt, se wör de einzije vun ehrer Zoot em janze Weltall. Un he woren er fünfdausend, ein wie de andere, en enem einzije Jade!

Se wör ärch wödich, saht hä sich, wann se dat söch … se dät öntlich hoste un esu dun, als wann se stirve möht, för sich nit ze blameere. Un ich wör jezwunge, esu ze dun, als dät ich se fläje, dann wann nit, dät se us Frack wirklich enjon …

Dä Planet es ärch drüch un ärch spetz un ärch salzich.

Dann saht hä noch för sich: Ich fohlt mich rich met ener einzichaatije Blom, un dobei han ich bloß en janz ordinäre Rus. Dat un ming drei Vulkane, die mer bes aan et Knee recke un dovun eine villeich för immer us es, dat mäht keine ärch jroße Prinz us meer … Un wie hä em Jras loch, dät hä kriesche.

XXI

Em selve Augebleck kom der Fuss.

»Joden Daach«, saht der Fuss.

»Joden Daach«, jov der kleine Prinz fründlich zor Antwoot. Hä hatt sich erömjedriht, soch ävver nix.

»He ben ich«, saht die Stemm, »unger dem Appelbaum …«

»Wä bes do?« frochte der kleine Prinz. »Do sühs jo ärch nett us …«

»Ich ben ne Fuss«, saht der Fuss.

»Kumm, spill met meer«, schloch im der kleine Prinz vör. »Ich ben esu bedröv …«

»Ich kann nit met der spille«, saht der Fuss. »Ich ben nit jezähmp.«

»Ah su! Padong«, saht der kleine Prinz.

Ävver wie hä üvverlaht hatt, saht hä noch:

»Wat bedück ›jezähmp‹?«

»Do bes wal nit vun he«, saht der Fuss, »wat sööks do?«

»Ich sööke de Minsche«, saht der kleine Prinz. »Wat bedück ›jezähmp‹?«

»De Minsche«, saht der Fuss, »han Knabbüsse, un se jage. Dat es ärch lästich! Se trecken och Höhner op. Do steit einzich un allein ehre Senn drop. Sööks do Höhner?«

»Nä«, saht der kleine Prinz. »Ich sööke Fründe. Wat bedück ›jezähmp‹?«

»Dat es jet, dat en der Verjess jeroden es«, saht der Fuss. »Et bedück suvill wie verbunge sin …«

»Verbunge sin?«

»Ja jo«, saht der Fuss. »Do bes för mich eesch ene kleine Fetz, hundert Millione anderer Fetze ähnlich. Un ich bruche dich nit. Un do bruchs mich och nit. Ich ben för dich bloß ene Fuss, hundert Millone anderer Füss ähnlich. Ävver wann do mich zähms, bruche mer uns jäjensiggich. Do wees för mich einzichaatich op der Welt sin. Ich wäde för dich einzichaatich op der Welt sin …«

»Su langsam fangen ich aan zo bejriefe«, saht der kleine Prinz. »Et jit do en Blom … Ich jläuv, die hät mich jezähmp …«

»Dat es müjjelich«, saht der Fuss. »Et jit op der Äd su allerhand …«

»Oh! Dat es nit op der Äd«, saht der kleine Prinz.

Der Fuss schung jet irriteet:

»Op enem andere Planet?«

»Eja.«

»Jit et Jäjer op däm Planet do?«

»Enä.«

»Dat es interessant! Un Höhner?«

»Enä.«

»Nix es perfek«, kühmte der Fuss.

Ävver der Fuss kom op singe Jedanke zoröck:

»Mi Levve es langwielich. Ich jage Höhner, de Minsche jage mich. All Höhner sin sich ähnlich, un all Minsche sin sich ähnlich. Ich langwiele mich esu e bessje. Ävver wann do mich zähms, weed mi Levve wie vum Sönnche jebütz sin. Ich wäden dä Klang vun dinge Schrett erkenne, dä anders es wie alle andere. Die andere Schrett lossen mich widder unger de Äd jon. Der dinge röf mich us dem Bau wie en Musik. Un dann, loor ens! Sühs de do hinge die Koonfelder? Ich esse kei Brut. Koon es för mich unnötz. Die Koonfelder sage mer nix. Un dat es schad! Ävver do häs joldjäle Hoore. Wann do mich jezähmp häs, dann weed et herrlich sin! Et Koon, wat jo joldjäl es, liet mich aan dich denke. Un wie schön weed et sin, wann ich dä Wind durch dat Koon ruusche höre ...«

Der Fuss wood räuhich un beloorten sich lang dä kleine Prinz:

»Ich bedden dich ... dun mich zähme!« saht hä.

»Ich mööch jo«, jov der kleine Prinz zor Antwoot, »ävver ich han nit vill Zick. Ich muss Fründe finge un en Häd vun Saache kennelihre.«

»Mer kennt bloß die Saache, die mer jezähmp hät«, saht der Fuss. »De Lück han kein Zick mih, irjendjet kennezelihre. Se kaufe sich alles fädich em Kaufes. Weil et ävver kein Kaufes jit, wo mer Fründe kaufe kann, han de Minsche och kein Fründe mih. Wann do ene Fründ wells, dun mich zähme!«

»Wat muss ich dun?« frochte der kleine Prinz.

»Do muss ärch jedöldich sin«, jov der Fuss zor Antwoot. »Et eesch deis de dich e Stöckelche fott vun meer en et Jras setze, einfach esu. Ich belooren dich dann us em Augewinkel, un do sähs eesch ens nix. De Sproch es de Ursaach vun Messverständnisse. Ävver jeden Daach kanns de e Stöckche nöher rötsche ...«

Am nökste Daach kom der kleine Prinz widder.

»Do wörs besser öm de selve Zick jekumme wie jestere«, saht der Fuss. »Wann do för e Beispill nommendaachs öm vier Uhr küss, wäden ich ald vun drei Uhr aan aanfange jlöcklich zo sin. Je nöhter de Stund eraanküt, ömsu jlöcklijer wäden ich mich föhle. Ald öm vier Uhr wäden ich unräuhich un maache mer Sorch. Ich wäden der Pries för et Jlöck entdecke. Ävver wann do küss, wann do wells, wäden ich nie wesse, wann ich mi Hätz drop enreechte soll ... Mer bruch faste Jewende.«

»Wat sin ›faste Jewende‹?« frochte der kleine Prinz.

»Dat es och jet, wat en der Verjess jeroden es«, saht der Fuss. »Dat es dat, wat eine Daach vun dä andere ungerscheidt un ein Stund vun dä andere. Et jit för e Beispill faste Jewende bei minge Jäjer. Se danzen et donnersdaachs met de Mädcher us em Dörp. Esu es der Donnersdaach ene herrlijen Daach för mich! Do jon ich bes aan der Wingert spazeere. Wann die Jäjer irjendwann ens danze däte, söchen sich de Dääch all ähnlich, un ich hätt üvverhaup kein Ferie.«

Esu dät der kleine Prinz dä Fuss zähme. Un wie de Avschiedsstund noh wor, saht der Fuss:

»Ah! … ich wäde jlich kriesche.«

»Dat bes de selver schold«, saht der kleine Prinz, »ich wollt der nit wih dun, ävver do wolls jo, dat ich dich zähme ...«

»Secher dat!« saht der Fuss.

»Ävver do wees kriesche!« saht der kleine Prinz.

»Secher dat!« saht der Fuss.

»Alsu häs de jar nix dovun!«

»Endoch! Ich han de Färv vum Koon jewonne.«

Dann dät hä noch sage:

»Jangk di Ruse noch ens besöke. Do wees dann verston, dat de ding einzichaadich es op der Welt. Dann küss de widder, för mer adtschüss ze sage. Un ich schenken der e Jeheimnis.«

Der kleine Prinz jing fott, för die Ruse ze besöke.

»Ehr seht minger Rus

»Wann do för e Beispill nommendaachs öm vier Uhr küss,
wäden ich ald vun drei Uhr aan aanfange jlöcklich zo sin.«

üvverhaup nit ähnlich«, saht hä inne. »Ehr sid noch jar nix. Keiner hät üch jezähmp, un ehr hat och keiner jezähmp. Ehr sid esu, wie minge Fuss ens wor. Dat wor bloß ene Fuss wie hundertdausend andere. Ävver ich han en zo mingem Fründ jemaht, un jetz es hä einzichaadich op der Welt.«

Un de Ruse schammten sich janz ärch.

»Ehr sid schön«, saht hä noch, »ävver ehr sid leddich. För üch ka'mer nit sterve. Secher, dat ene jewöhnliche Passant meine künnt, ming Rus wör üch ähnlich. Ävver sei allein es wichtijer wie ehr all zesamme, weil sei et es, die ich jejosse han. Weil sei et es, die ich unger en Jlasklock jestallt han. Weil sei et es, die ich met ener spanische Wand jäjen der Wind avjeschirmp han. Weil sei et es, der ich de Raupe kapottjemaht han (usser dä zwei ov drei för de Fifaldere). Weil sei et es, der ich zojehoot han, wie se am jömere wor, ov jestrunz hät ov esujar mänchmol nix jesaht hät. Weil et ming Rus es.«

Un hä kom bei der Fuss zeröck:

»Adtschüss«, saht hä ...

»Adtschüss«, saht der Fuss. »He es mi Jeheimnis. Et es ärch einfach: Mer süht bloß jot me'm Hätz. Wat wirklich wichtich es, es för de Auge nit ze sinn.«

»Wat wirklich wichtich es, es för de Auge nit ze sinn«, dät der kleine Prinz widderholle, dat hä et sich merke dät.

»Et es die Zick, die de för ding Rus verloren häs, die ding Rus esu wichtich mäht.«

»Et es die Zick, die ich för ming Rus verloren han ...« saht der kleine Prinz, dat hä et sich merke dät.

»De Minsche han die Wohrheit verjesse«, saht der Fuss. »Ävver do darfs se nit verjesse. Do wees för iwich verantwortlich för dat, wat de eimol jezähmp häs. Do bes verantwortlich för ding Rus ...«

Hä laht sich en et Jras un hatt ze kriesche aanjefange.

»Ich ben verantwortlich för ming Rus …« dät der kleine Prinz widderholle, dat hä et sich merke dät.

XXII

»Joden Daach!« saht der kleine Prinz.

»Tach!« saht der Weichesteller.

»Wat mähs de he?« saht der kleine Prinz.

»Ich zorteere de Fahrjäss en Dausenderpackettcher«, saht der Weichesteller. »Ich schecke de Zöch loss, die se fottbrenge, ens noh rääch un ens noh links.«

Un ene Schnellzoch met helle Leechter dren, dä wie ene Donner jrummele dät, leet dat Hüüsje vum Weichesteller waggele.

»Denne presseet et ävver«, saht der kleine Prinz. »Wat söken die?«

»Der Lokföhrer weiß et selver nit«, saht der Weichesteller.

Un us der entjäjejesatzte Richtung donnerte ne zweite Schnellzoch met helle Leechter dren.

»Kummen se ald widder widder?« dät der kleine Prinz froge …«

»Dat sin nit deselve«, saht der Weichesteller. »Die wäßelen sich av.«

»Woren se nit zefredde, do, wo se wore?«

»Mer es doch nie zefredde, do, wo mer es«, saht der Weichesteller.

Un et jrummelten der Donner vun enem drette Schnellzoch met helle Leechter dren.

»Verfoljen die die eeschte Fahrjäss?« dät der kleine Prinz froge.

»Die verfolje jar nix«, saht der Weichesteller. »Die schlofen do dren, ov se jappe. Bloß de Pänz däuen ehr Nase aan de Schieve platt.«

»Bloß de Pänz wesse, wat se söke«, saht der kleine Prinz. »Se verleeren ehr Zick för en Lappepopp, un die weed ärch wichtich, un wa'mer se inne fottnimmp, krieschen se ...«

»Die han et jot«, saht der Weichesteller.

XXIII

»Joden Daach!« saht der kleine Prinz.

»Tach!« saht der Kaufmann.

Et wor ene Kaufmann, dä dät Pille jäjen der Doosch verkaufe. Mer schleck erer ein de Woch un verspört dann keine Drang mih ze drinke.

»Wofför verkäufs de dat?« frochte der kleine Prinz.

»Domet ka'mer ärch vill Zick spare«, saht der Kaufmann. »De Experte han et usjerechent. Mer spart dreiunfuffzich Minutte de Woch.«

»Un wat mäht mer met dä dreiunfuffzich Minutte?«

»Mer mäht domet, wat mer well ...«

Wann ich dreiunfuffzich Minutte üvverich hätt, saht sich der kleine Prinz, dät ich janz dusemang op en Quell aanjon ...«

XXIV

Et wor ald am aachte Daach vun minger Pann en der Wöstenei, un ich hatt dä Verzäll vun däm Kaufmann jehoot, wie ich jrad minge letzte Droppe Wasser am drinke wor.

»Alsu«, saht ich för dä kleine Prinz, »se sin jo ärch nett, ding Erinnerunge, ävver ich han minge Fleejer noch nit repareet, ich han nix mih för ze drinke, un ich wör och fruh, wann ich janz dusemang op en Quell aanjon künnt!«

»Minge Fründ, dä Fuss«, saht hä mer ...

»Mi klei Käälche, et jeit nit mih öm der Fuss!«

»Woröm?«

»Weil ich bal vör Doosch sterve wäde ...«

Hä verstund minge Jedankejang nit, hä jov mer zor Antwoot:

»Et es jot, ne Fründ jehatt ze han, och wa'mer bal sterve muss. Ich ben ärch fruh, ne Fuss zom Fründ jehatt ze han ...«

Hä schätz de Jefahr nit richtich en, saht ich mer. Hä hät nie Schless ov Doosch. E bessje Sonn reck im …«

Ävver hä dät mich aanlore un op minge Jedanke Antwoot jevve:

»Ich han och Doosch … Kumm, loss mer ene Pötz söke …«

Ich maht en möd Handbewäjung. Et es Ülespejelei, en dä riesije Wöstenei op jot Jlöck ene Pötz ze söke. Trotzdäm mahte mer uns op de Söck.

Wie mer stundelang jelaufe wore, ohne e Wöötche ze sage, wood et Naach, un de Stääne fingen aan ze funkele. Ich soch se wie em Draum, weil ich vör luuter Doosch ald jet Feber hatt. De Wööt vum kleine Prinz danzten en mingem Kopp eröm.

»Do häs alsu och Doosch?« dät ich en froge.

Ävver hä jov kein Antwoot op ming Froch. Hä saht einfach för mich:

»Et Wasser kann och jot för et Hätz sin …«

Ich verstund sing Antwoot nit, ävver ich heelt de Muul … Ich woss jo, dat mer en nit usfroge durf.

Hä wor möd. Hä satz sich. Ich satz mich bei en bei. Un noh enem Püüsje saht hä noch:

»De Stääne sin schön wäjen ener Blom, die mer nit süht …«

Ich saht »Ja jo dat« un belorte, ohne ze schwade, de Sandfalde em Mondleech.

»De Wöste es schön«, dät hä noch sage …

Un dat wor wohr. Ich han de Wöste immer jemoch. Mer setz sich op en Sanddün. Mer süht nix. Mer hööt nix. Un trotzdäm deit em Stellches häösch jet strohle …

»Wat de Wöste noch schöner mäht«, saht der kleine Prinz, »es, dat se irjendwo ene Pötz verstich …«

Ich wor verbasert, op eimol dat jeheimnisvolle Strohle vum Sand ze bejriefe. Wie ich ene kleine Jung wor, dät ich en enem ahle Huus wonne, un et heeß, dat do ene Schatz verjrave wör. Ja jo kunnt en nie einer finge, noch hät en villeich je einer jesook. Ävver hä hät dat janze Huus verzaubert. Mi Huus dät e Jeheimnis deef en singem Hätzenskülche versteche …

»Jo«, saht ich för dä kleine Prinz, »ov et sich no öm et Huus, öm Stääne ov öm de Wöste driht, wat ehr Schönheit usmäht, ka'mer nit sinn!«

»Ich ben fruh«, saht hä, »dat do met mingem Fuss enverstande bes.«

Weil der kleine Prinz enschleef, nohm ich en en minge Ärm un maht mich widder op der Wääch. Et wood mer wärm öm et Hätz. Et schung mer, als dät ich ene zerbrechlije Schatz drage. Et schung mer esujar, als jöv et nix Zerbrechlijeres op der Welt. Ich belorte em Mondleech dat blasse Steenche, die zo Auge, die Hoorsträhne, die em Wind zeddere däte, un ich saht mer: Wat ich do sinn, es bloß en Hüll. Et Wichtichste ka'mer nit sinn …

Wie sing Leppe e bessje opjingke un esujet wie e Jriemele zeichte, saht ich mer noch: Wat mich aan däm kleine enjeschlofe Prinz esu bewääch, es sing Treu för en Blom, es et Bild vun ener Rus, die en im leuch wie de Flamm vun ener Lamp, esujar wann hä schlief … Un hä kom mer noch zerbrechlijer vör. Mer muss de Lampe jot beschötze: Eine Windstuß kann se usblose …

Un wie ich esu wiggerjelaufe ben, han ich, wie de Sonn opjing, dä Pötz jefunge.

Hä dät laache, hatt de Ling jenomme un üvver de Roll jetrocke.

XXV

»De Minsche«, saht der kleine Prinz, »dränge sich en de Schnellzöch eren, ävver se wesse nie, wat se eijentlich söke. Dann wäden se iggelich un drihen sich em Kreis ...«

Un hä dät noch sage:

»Dat es nit der Möhde wäät ...«

Dä Brunne, dä mer erreich hatte, soch nit us wie die andere Brunne en der Sahara. Die Brunne en der Sahara sin einfache Löcher, die en der Sand jejrave sin. Dä he soch us wie ene Dorfbrunne. Ävver do jov et üvverhaup kei Dörp, un ich daach, ich wör am dräume.

»Dat es eije«, saht ich för der kleine Prinz, »alles es parat: der Fläschezoch, der Emmer, de Ling ...«

Hä dät laache, hatt de Ling jenomme un üvver de Roll jetrocke. Un der Fläschezoch dät kühme, wie en ahl Wedderfahn kühmp, wann der Wind lang jeschlofe hät.

»Höös de«, saht der kleine Prinz, »mer maachen dä Brunne wach, un hä fängk aan ze singe ...«

Ich wollt nit, dat hä sich aanstrenge dät:

»Loss mich ens maache«, saht ich för en, »dat es ze schwer för dich.«

Langsam dät ich dä Emmer bes aan der Brunnerand hevve. Ich dät en schön senkrääch erenlosse. En minge Ohre dät dä Singsang vun däm Fläschezoch nohklinge, un em Wasser, wat noch am ziddere wor, soch ich de Sonn ziddere.

»Ich han Doosch op dat Wasser do«, saht der kleine Prinz, »jevv mer ze drinke ...«

Un ich verstund, wat hä jesook hatt!

Ich hovv dä Emmer bes aan sing Leppe. Hä drunk, de Auge zo. Dat hatt esu jot jeschmeck wie op enem Fess. Dat Wasser he wor jet anderes wie bloß ene Drank. Et wor jebore durch die Wanderung unger de Stääne, durch dä Singsang vun däm Fläschezoch, durch die Aanstrengung vun minge Ärme. Et hät em Hätze su jot jedon wie e Jeschenk. Jrad esu mahten, wie ich ene kleine Stropp wor, et Leech vum Chressbaum, die Leeder vun der Chressmett, dat zaate, weiche Laache op alle Leppe dä eijentliche Zauber vun minge Chressdaachsjeschenke us.

»De Minsche bei deer doheim«, saht der kleine Prinz, »kultiveere fünfdausend Ruse en ein un dämselve Jade … un finge nit dat, wat se söke …«

»Se fingen et nit«, jov ich zor Antwoot …

»Un dobei künnt sich dat, wat se söke, en einer einzije Rus ov enem bessje Wasser finge …«

»Secher dat«, jov ich zor Antwoot.

Un dä kleine Prinz dät noch sage:

»Ävver de Auge sin blind. Mer muss me'm Hätze söke.«

Ich hatt jedrunke. Ich kunnt widder deef durchodeme. Wann et am fröhe Morje hell weed, hät der Sand en Färv wie Hunnich. Un üvver die Hunnichfärv han ich mich jefreut. Woför sollt ich Kummer ligge …?

»Do muss di Verspreche halde«, saht mer der kleine Prinz höösch un hat sich widder nevven mich jesatz.

»Wat för e Verspreche?«

»Do weiß … ene Muulkorv för mi Schof … ich ben verantwootlich för die Blom!«

Ich holten us minger Täsch ming Entwörf vun de Zeichnunge. Der kleine Prinz soch se, wor am laache un saht:

»Ding Aapebrutbäum, se sinn e bessje us wie Kappesköpp …«

»Och!«

Un ich wor esu stolz op ming Aapebrutbäum!

»Dinge Fuss … däm sing Ohre … die sinn e bessje us wie Hööner … un se sin vill zo lang!«

Un hä wor noch mih am laache.

»Do bes unjerääch, klei Käälche, ich kunnt bloß zoe un offe Boas mole.«

»Och! Dat weed ald jon«, saht hä, »de Pänz kapeeren dat.«

Ich molte alsu ene Muulkorv. Un et Hätz trok sich mer zesamme, wie ich et im jov:

»Do häs jet vör, vun dem ich nix weiß …«

Ävver hä jov mer kein Antwoot. Hä saht för mich:

»Weiß de, morje es et e Johr, dat ich op de Äd eravjefalle ben …«

Un noh ener Wiel saht hä noch:

»Ich ben he janz en der Nöh eravjefalle …«

Un hä wood rut.

Un widder dät ich, ohne zo verston, woröm, en eije Wihmödichkeit spöre. Doch do kom mer en Froch:

»Alsu wor dat keine Zofall, dat do dä Morje, wo ich dich vör aach Daach kennejeleht han, einfach esu janz allein erömspazeet bes, dausend Meile vun jeder bewonnte Jäjend! Do jingks alsu widder aan die Plaatz, wo do erafjefalle bes?«

Der kleine Prinz wood noch ens rut.

Un jet zöjerlich saht ich noch:

»Villeich wäje däm Johresdaach …?«

Der kleine Prinz wood widder rut. Hä jov nie en Antwoot op ming Froge, ävver wa'mer rut weed, bedück dat esu vill wie »jo«. Oder nit?

»Ah!« saht ich för en, »ich han Angs …«

Ävver hä jov mer zor Antwoot:

»Do muss jetz arbeide. Do muss widder bei dinge Flejer jon. Ich waaden he op dich. Kumm morje ovend widder …«

Ävver ich wor mer nit secher. Ich moht aan dä Fuss denke. Mer riskeet, dat mer e bessje kriesche muss, wa'mer sich hät zähme losse …

XXVI

Et jov nevven däm Pötz en Ruin vun ener ahle steine Mor. Wie ich am nöhkste Ovend vun minger Arbeit widderkom, soch ich vun wiggem minge kleine Prinz do bovven setze, de Bein eravhange. Un ich hoot en schwade:

»Do entsinns dich alsu nit dran?« saht hä. »Et es nit janz jenau he!«

En ander Stemm dät im secher Antwoot jevve, weil hä drop jesaht hät:

»Doch! Doch! Et es dä Daach, ävver dat es nit die Stell he …«

Ich jing wigger op die Mor aan. Ich soch oder hoot immer noch keiner.

Trotzdäm hät der kleine Prinz wiggerjesproche:

»Ja jo dat! Do wees sinn, wo ming Spor em Sand aanfängk. Do muss bloß do op mich waade. Ich wäde do dis Naach sin.«

Ich wor aan de zwanzich Meter vun dä Mor fott, un ich soch immer noch nix. Der kleine Prinz saht noch noh enem Püüsje:

»Häs de jot Jeff? Bes de secher, dat de mich nit lang ligge ließ?«

Ich blevv ston, mi Hätz trok sich zosamme, ävver ich verstund immer noch nit.

»Jetz jangk«, saht hä »... ich well widder erav!«

Do leet ich selvs ming Auge bes ungen aan die Mor jon, un ich dät ene Satz! Do wor ein vun dä jäl Schlange, die üch en dressich Sekunde dutmaache, un dät beinoh bes aan dä kleine Prinz eranrecke. Ich wöhlten en minger Täsch, för minge Revolver eruszetrecke, un fing aan ze laufe. Ävver bei däm Radau, dä ich maht, leht sich die Schlang höösch en der Sand letsche, wie ene Jutsch Wasser, dä verseckert, un dät, ohne sich ärch ze ploge, met enem leich metallische Klirre zweschen de Stein flutsche.

Ich kom jrad rääch aan dä Mor aan, för mi klein Käälche vun enem Prinz, dä esu blass wie der Schnei wor, en minge Ärm opzeschnappe.

»Wat es dat för e Kreppche? Do schwaads jetz ald met Schlange?«

Ich hatt si iwich jolde Halsdoch opjeknöddelt. Ich hatt im de Schlöfe feuch jemaht un hatt en drinke losse. Un jetz trauten ich mich nit, in noch jet ze froge. Hä dät mich ähnz aanlore un sing Ärme öm minge Hals schlinge. Ich fohlt si Hätz schlage wie dat vun enem Vuggel, dä stirv, wa'mer en met ener Knabbüss jetroffen hät. Hä saht mer:

»Ich ben fruh, dat de dat jefungen häs, wat aan dinger Maschin jefählt hät. Do wees heimfahre künne ...«

»Woher weiß de dat?«

Ich wollt im jrad jesaht han, dat ich, de Hoffnung ald opjejovve, ming Arbeit jlöcklich aan et Engk jebraht hätt!

Hä jov kein Antwoot op ming Froch, ävver hä saht noch:

»Ich kumme hück och widder heim ...«

Dann, wihmödich:

»Dat es vill wigger ... dat es vill schwerer ...«

Ich spoot, dat sich jet janz Besonderes dät. Ich nohm en fass en der

»Jetz jangk«, saht hä, »… ich well widder erav.«

Ärm wie ene kleine Quos, un derwiel kom et mer esu vör, als feel hä senkrääch en ene Avjrund, ohne dat ich jet hätt dun künne, för en zoröckzehalde …

Hä hatt ene ähnze Bleck, janz fäns verlore:

»Ich han di Schof. Un ich han die Kess för dat Schof. Un ich han dä Muulkorv …«

Un hä dät wihmödich loore.

Ich han lang jewaadt. Ich fohlt, dat hä noh un noh wärmer wood:

»Klei Käälche, do häs Angs jehatt …«

Ja jo hatt hä Angs jehatt! Ävver hä dät höösch laache un saht:

»Ich wäde noch vill mih Angs han dise Ovend …«

Widder leef et mer ieskalt der Röggen eraf bei däm Jeföhl, dat do jet wor, wo mer nix dran ändere künnt. Un ich han erkannt, dat ich dä Jedanke nit erdrage kunnt, in nie mih widder laache ze höre. Dat wor för mich wie en Quell en der Wöste.

»Klei Käälche, ich will dich noch ens laache höre …«

Ävver hä saht mer:

»Dis Naach es et ei Johr her. Minge Stään weed jenau üvver dä Stell sin, wo ich letz Johr eravjefalle ben …«

»Klei Käälche, es dat nit ene schlääächte Draum, dat Kreppche vun dä Schlang, däm Treffe un däm Stään …«

Ävver hä es ald widder nit op ming Froch enjejange. Hä saht:

»Wat wichtich es, dat süht mer nit …«

»Ja jo …«

»Dat es wie met dä Blom. Wann do en Blom jän häs, die sich op enem Stään befingk, deit dat jot, et naaks der Himmel ze belore. Alle Stääne sin voll vun Blome.«

»Ja jo …«

»Dat es wie me'm Wasser. Dat, wat de mer ze drinke jejovven häs, wor wie en Musik, met däm Fläschezoch un dä Ling ... Erinners de dich? ... Dat hät jot jedon.«

»Ja jo ...«

»Do belors des naaks de Stääne. Et es ze klein bei meer, dat ich der zeije künnt, wo der minge es. Et es besser esu. Minge Stään weed för dich eine vun de Stääne sin. Alsu belors de jän alle Stääne ... Se wäden all ding Fründe sin. Un dann maachen ich der noch e Jeschenk ...«

Hä dät widder laache.

»Ah! Klei Käälche, klei Käälche, wat hören ich dat Laache esu jän!«

»Jenau dat es mi Jeschenk ... Dat weed esu sin wie met däm Wasser ...«

»Wat wells de domet sage?«

»Alle Minsche han Stääne, ävver nit deselve. För die eine, die reise, sin de Stääne Föhrer. För andere sin et bloß klein Leechter. För widder andere, för Wessenschaffler sin, sin se Probleme. För minge Jeschäffsmann woren se Jold. Ävver all die Stääne do sagen nix. Do, do wees Stääne han, wie se keiner hät ...«

»Wat wells de domet sage?«

»Wann do et naaks der Himmel belors, weil ich op einem dovun wonne, weil ich op einem dovun laache, weed dat för dich esu sin, als däten alle Stääne laache. Do, bloß do wees Stääne han, die laache künne!«

Un hä dät widder laache.

»Un wann de jetrüs bes (mer trüs sich immer), wees de fruh sin, mich kennejeleht ze han. Do wees immer minge Fründ sin. Do wees Loss han, met mer ze laache. Un do wees mänchmol et Finster opmaache, nor esu, us Plässeer ... Un ding Fründe wäden ärch verbasert sin, wann se dich laache sinn, wann do der Himmel belors. Dann wees de inne sage: ›Eja, de Stääne losse mich luuter laache!‹ Un se wäden denke, do wörs jeck.

Ich hätt der dann fies eine jelapp …«

Un hä dät widder laache.

»Dat weed esu sin, als hätt ich der anplaaz vun Stääne ene Haufe Jlöckcher jejovve, die laache künne …«

Un hä dät noch ens laache. Dann wood hä widder ähnz.

»Dis Naach … weiß de … kumm nit.«

»Ich loss dich nit allein.«

»Et weed esu ussinn, als hät ich Ping … Et weed e bessje su ussinn, als dät ich stirve. Dat es esu. Kumm nit, der dat anzelore, et es nit der Möhde wäät …«

»Ich loss dich nit allein.«

Ävver hä hatt Sorch.

»Ich sagen der dat … et es och wäjen dä Schlang. Die darf dich nit bieße … Schlange sin falsch. Die künnen ald us Blödsenn bieße …«

»Ich loss dich nit allein!«

Ävver irjendjet dät en beräuhije:

»Dat stemmp, dat se kei Jeff mih för der zweite Bess han …«

En dä Naach soch ich en nit fottjon. Hä hatt sich, ohne ne Laut vun sich ze jevve, durch de Koot jemaht. Wie ich et jeschaff han, in enzekrijje, dät hä flöck un bestemmp wiggerjon. Hä saht mer nor:

»Och! Do bes do …«

Un hä nohm mich aan de Hand. Ävver et loch im immer noch jet op der Siel:

»Dat de jekumme bes, es nit rääch jedon. Do wees ligge. Et weed esu ussinn, als wör ich dut, ävver dat weed nit wohr sin …«

Ich saht nix.

»Versteis de? Et es zo wick. Ich kann dä Liev nit metnemme. Dä es zo schwer.«

Ich saht nix.

»Ävver hä weed wie en ahl verlosse Schal ussinn. Mer soll nit trorich sin för ahl Schale …«

Ich saht nix.

Hä dät e bessje der Mot verleere. Ävver hä dät et noch ens versöke:

»Dat weed nett, weiß de. Ich wäden och de Stääne belore. Alle Stääne wäde Brunne met enem rostije Fläschezoch sin. Alle Stääne wäde mer Wasser för ze drinke enschödde …«

Ich saht nix.

»Dat weed esu löstich sin! Do wees fünfhundert Millione Jlöckcher han, ich wäde fünfhundert Millione Quelle han …«

Un hä dät och nix mih sage, weil hä no am kriesche wor …

»Do es et. Loss mich e paar Schrett allein maache.«

Un hä dät sich setze, weil hä Angs hatt.

Hä saht noch:

»Weiß de … ming Blom … ich ben doför verantwortlich! Un se es esu schwaach! Un se es esu naiv. Se hät vier läppsche Dööner, för se jäjen de Welt ze schötze …«

Ich dät mich setze, weil ich mich nit mih opräách halde kunnt. Hä saht:

»Su … Dat es alles …«

Hä zöjerte noch e bessje, dann stund hä widder op. Hä maht ene Schrett. Ich kunnt mich nit bewäje.

Et jov nix wie ene jäle Bletz nevve singem Knöchel. Hä blevv ene Momang unbewächlich. Hä dät nit schreie. Hä feel langksam, wie ene Baum ömfällt. Mer hatt üvverhaup nix jehoot wäjen däm Sand.

XXVII

Un jetz, secher, es dat ald sechs Johr her … Ich han dat Kreppche noch nie einem verzallt. Die Kamerade, die mich widderjesinn han, woren ärch fruh, wie se jesinn han, dat ich noch am levve wor. Ich wor bedröv, ävver ich saht inne: »Dat es de Mödichkeit …«

Enzwesche han ich mich jet jetrüüs. Dat heiß … nit janz. Ävver ich weiß jenau, dat hä widder op singem Planet es, dann wie der Daach aanbroch, han ich singe Liev nit mih jefunge. Dat wor keine su schwere Liev … Un ich höre des naaks jän de Stääne. Dat es wie fünfhundert Millione Jlöckcher …

Ävver dann passeet jet janz Jeckes. Däm Muulkorv, dä ich däm kleine Prinz jemolt han, fählt der Ledderreeme; dä han ich verjesse! Dä weed hä däm Schof nie aanjetrocke han künne. Alsu frogen ich mich: Wat es op singem Planet passeet? Villeich hät dat Schof jo die Blom jefresse …

Hä feel langksam, wie ene Baum ömfällt.

Dann widder sagen ich mer: Secher nit! Der kleine Prinz schlüß sing Blom jede Naach unger sing Jlasjlock, un hä pass jot op si Schof op … Dann ben ich jlöcklich. Un all die Stääne laache höösch.

Dann widder sagen ich mer: Mer es av un aan avjelenk, un dat reck! Hä hät eines Ovends die Jlasjlock verjesse, ov dat Schof es des Naaks janz leis usjebroche … Dann verwandele sich all die Jlöckcher en Trone …!

Dat es e ärch jroß Jeheimnis. För üch, die ehr dä kleine Prinz och jän hat, wie för mich, es nix em Universum mih etselve, wann irjendwann, wä weiß, wo, e Schof, wat mer nit kenne, en Rus, jo ov nä, jefresse hät …

Loort der Himmel aan! Frochte üch: Hät dat Schof die Blom jefresse, jo ov nä? Un ehr weedt sinn, wie dat alles ändert …

Un keine Jroße weed je verston, dat dat esu wichtich es!

Dat do es för mich de schönste un tristeste Landschaff op der Welt. Et es de jliche Landschaff wie op der Sick vörher. Ävver ich han se noch ens jemolt, för se üch janz noh ze brenge. Do es der kleine Prinz op de Äd jekumme un widder fottjejange.

Belort üch de Landschaff janz jenau, domet ehr se bestemmp och widderkennt, wann ehr eines Daachs ens noh Afrika en der Wöste erömreist. Un ich bedden üch us em deefste Hätzekülche erus: Wann ehr zofällich do vörbeikutt, dann doot nit jlich wiggeriele. Doot e bessje reste, jenau unger däm Stään! Wann dann ene Panz op üch aankütt, wann hä laach, wann hä jolde Hóörcher hät, wann hä kein Antwoot jit op ör Froge, dann künnt ehr ald rode, wä hä es. Dann sid esu jot un loht mich nit länger bedröv sin! Schrievt mer flöck, dat hä widder do es …